O Sagrado e o Profano

Mircea Eliade nasceu em Bucareste, Romênia, em 1907. Graduou-se em filosofia em 1928 e estudou filosofia hindu com Surendranath Dasgupta na Universidade de Calcutá. Depois de cumprir o serviço militar, finalizou seu doutorado, em 1933, com uma tese sobre a história das técnicas iogues. Nas décadas de 30 e 40 publicou vários romances. A partir de 1940 trabalhou como adido cultural em Londres e Lisboa e depois da Segunda Guerra não voltou à Romênia, lecionando em várias universidades europeias. Em 1956, parte para os Estados Unidos como professor da Universidade de Chicago, onde permanece até sua morte, em 1986. Foi um dos mais influentes estudiosos da religião do século XX e um dos mais importantes intérpretes do simbolismo religioso e do mito.

Do autor, a editora WMF Martins Fontes também publicou *Mefistófeles e o andrógino*, *Tratado de história das religiões*, *A filosofia na Idade Média*, *O espírito da filosofia medieval* e *Dicionário das religiões* (com Ioan P. Couliano).

Mircea Eliade

O Sagrado e o Profano

A essência das religiões

Tradução
ROGÉRIO FERNANDES

Título original: LE SACRÉ ET LE PROFANE.
Copyright © by Rowohlt Taschenbuchverlag GmbH, 1957.
Copyright © 1992, Livraria Martins Fontes Editora Ltda.,
São Paulo, para a presente edição.

1ª edição 1992
4ª edição 2018
5ª tiragem 2023

Tradução
ROGÉRIO FERNANDES

Adaptação para a edição brasileira
Silvana Vieira
Revisões
Edvaldo Ângelo Batista
Jonas Pereira dos Santos
Produção gráfica
Geraldo Alves
Paginação
Studio 3 Desenvolvimento Editorial
Capa
Katia Harumi Terasaka

Dados Internacionais de Catalogação na Publicação (CIP)
(Câmara Brasileira do Livro, SP, Brasil)

Eliade, Mircea, 1907-1986.
 O sagrado e o profano : a essência das religiões / Mircea Eliade ; tradução Rogério Fernandes. – 4ª. ed. – São Paulo : Editora WMF Martins Fontes, 2018. (Coleção biblioteca do pensamento moderno)

Título original: Le sacré et le profane.
ISBN 978-85-469-0190-6

1. Religião 2. Sagrado I. Fernandes, Rogério. II. Título III. Série.

	CDD-200
17-08878	-211

Índices para catálogo sistemático:
1. Religião 200
2. Sagrado : Religião 211

Todos os direitos desta edição reservados à
Editora WMF Martins Fontes Ltda.
Rua Prof. Laerte Ramos de Carvalho, 133 01325.030 São Paulo SP Brasil
Tel. (11) 3293.8150 e-mail: info@wmfmartinsfontes.com.br
http://www.wmfmartinsfontes.com.br

ÍNDICE

PREFÁCIO 1

INTRODUÇÃO 15
Quando o sagrado se manifesta 17
Dois modos de ser no mundo 19
O sagrado e a história 22

Capítulo I – O ESPAÇO SAGRADO E A SACRALIZA-
    ÇÃO DO MUNDO 25
Homogeneidade espacial e hierofania 25
Teofanias e sinais 28
Caos e cosmos 32
Consagração de um lugar: repetição da cosmogonia.... 35
O "Centro do Mundo" 38
"Nosso Mundo" situa-se sempre no centro 42
Cidade – cosmos... 46
Assumir a criação do mundo 48
Cosmogonia e *Bauopfer*.. 52

Templo, basílica, catedral.. 55
Algumas conclusões 58

Capítulo II – O TEMPO SAGRADO E OS MITOS 63
Duração profana e tempo sagrado 63
Templum-tempus 66
Repetição anual da cosmogonia 70
Regeneração pelo regresso ao tempo original............ 72
O tempo festivo e a estrutura das festas 76
Tornar-se periodicamente o contemporâneo dos
 deuses 81
Mito = modelo exemplar... 84
Reatualizar os mitos.. 88
História sagrada, história, historicismo........................ 92

Capítulo III — A SACRALIDADE DA NATUREZA E A
 RELIGIÃO CÓSMICA... 99
O sagrado celeste e os deuses uranianos 100
O Deus longínquo... 103
A experiência religiosa da vida.................................... 106
Perenidade dos símbolos celestes 108
Estrutura do simbolismo aquático 109
História exemplar do batismo...................................... 111
Universalidade dos símbolos 115
Terra Mater 116
Humi positio: deposição da criança no solo 118
A mulher, a terra e a fecundidade.............................. 120
Simbolismo da árvore cósmica e cultos da vegetação.. 123
Dessacralização da natureza 126
Outras hierofanias cósmicas... 129

Capítulo IV – EXISTÊNCIA HUMANA E VIDA SAN-
 TIFICADA.. 133
Existência "aberta" ao mundo...................................... 133

Santificação da vida 137
Corpo-Casa-Cosmos.. 141
A passagem pela porta estreita 146
Ritos de passagem 150
Fenomenologia da iniciação 153
Sociedades masculinas e sociedades femininas.......... 156
Morte e iniciação 159
O "segundo nascimento" e a criação espiritual 160
O sagrado e o profano no mundo moderno 163

Notas... 175
Bibliografia 183

PREFÁCIO

A ciência das religiões, como disciplina autônoma, tendo por objeto a análise dos elementos comuns das diversas religiões a fim de decifrar-lhes as leis de evolução e, sobretudo, precisar a origem e a forma primeira da religião, é uma ciência muito recente (data do século XIX), e sua fundação quase coincidiu com a da ciência da linguagem. Max Müller impôs a expressão "ciência das religiões" ou "ciência comparada das religiões" ao utilizá-la no prefácio do primeiro volume de sua obra Chips from a German Worshop *(Londres, 1867). É certo que o termo fora empregado esporadicamente antes (em 1852, pelo padre Prosper Leblanc; em 1858, por F. Stiefelhagen etc.), mas não no sentido rigoroso que Max Müller lhe deu e que, desde então, passou a ser amplamente adotado.*

A primeira cátedra universitária de história das religiões foi criada em Genebra no ano de 1873; em 1876, fundaram-se quatro na Holanda. Em 1879, o Collège de France, em Paris, criou também uma cátedra para a disciplina, seguido em 1885 pela École des Hautes Études da

Sorbonne, que organizou uma seção especial destinada às ciências religiosas. Na Universidade Livre de Bruxelas, a cadeira foi instituída em 1884. Em 1910, seguiu-se a Alemanha, com a primeira cátedra em Berlim, depois em Leipzig e em Bonn. Os outros países europeus acompanharam o movimento.

Em 1880, Vernes fundava em Paris a Révue de l'Histoire des Religions; *em 1898, o dr. Achelis publicava o* Archiv für Religionswissenschaft, *em Friburg-Brisgau; em 1905, Wilhelm Schmidt iniciava em St. Gabriel-Mödling, perto de Viena, a revista* Anthropos, *consagrada sobretudo às religiões primitivas; em 1925 surge* Studi e Materiali di Storia delle Religioni, *de R. Pettazzoni.*

O primeiro Congresso Internacional de Ciência das Religiões aconteceu em Estocolmo, em 1897. Em 1900 teve lugar, em Paris, o Congresso de História das Religiões, assim denominado por excluir dos seus trabalhos a filosofia da religião e a teologia. O oitavo congresso internacional foi realizado em Roma, em 1955.

Pouco a pouco multiplicaram-se as bibliografias, os dicionários, as enciclopédias, as publicações das fontes. Assinalemos sobretudo a Encyclopaedia of Religion and Ethics *(13 volumes, Edimburgo, 1908-1923), publicada sob a direção de J. Hastings;* Die Religion in Geschichte und Gegenwart. Handwörterbuch für Theologie und Religionswissenschaft *(5 volumes, Tübingen, 1909-1913);* Religionsgeschichtliche Lesebuch, *organizado por A. Bertholet (Tübingen, 1908 e seg.; 2ª ed., 1926 e seg.);* Textbuch zur Religionsgeschichte, *organizado por Ed. Lehmann (Leipzig, 1912) e, depois, por Ed. Lehmann e H. Haas;* Fontes Historiae Religionun ex auctoribus graecis et latinis, *organizadas por C. Clemen (Bonn, 1920 e seg.);* Bilderatlas zur Religionsgeschichte, *por H. Haas e colaboradores (Leipzig, 1924).*

Mas se a ciência das religiões, como disciplina autônoma, só teve início no século XIX, o interesse pela história das religiões remonta a um passado muito mais distante. Podemos localizar sua primeira manifestação na Grécia clássica, sobretudo a partir do século V. Esse interesse manifesta-se, por um lado, nas descrições dos cultos estrangeiros e nas comparações com os fatos religiosos nacionais – intercaladas nos relatos de viagens – e, por outro lado, na crítica filosófica da religião tradicional. Heródoto (c. 484-c. 425 a.C.) já apresentava descrições admiravelmente exatas de algumas religiões exóticas e bárbaras (Egito, Pérsia, Trácia, Cítia etc.), e chegou até mesmo a propor hipóteses acerca de suas origens e relações com os cultos e as mitologias da Grécia. Os pensadores pré-socráticos, interrogando-se sobre a natureza dos deuses e o valor dos mitos, fundaram a crítica racionalista da religião. Assim, por exemplo, para Parmênides (nascido por volta de 520) e Empédocles (c. 495-435), os deuses eram a personificação das forças da Natureza. Demócrito (c. 460-370), por sua vez, parece ter-se interessado singularmente pelas religiões estrangeiras, que, aliás, conhecia de fonte direta em virtude de suas numerosas viagens: atribui-se a ele, também, um livro Sobre as inscrições sagradas da Babilônia, *as* Narrativas caldéias *e* Narrativas frígias. *Platão (429-347) utilizava freqüentemente comparações com as religiões dos bárbaros. Quanto a Aristóteles (384-322), foi o primeiro a formular, de maneira sistemática, a teoria da degenerescência religiosa da humanidade (*Metafísica, *XII, capítulo 7), idéia que foi retomada várias vezes posteriormente. Teofrasto (372-287), que sucedeu a Aristóteles na direção do Liceu, pode ser considerado o primeiro historiador grego das religiões: segundo Diógenes Laércio (V. 48), Teofrasto compôs uma história das religiões em seis livros.*

Mas foi a partir das conquistas de Alexandre, o Grande (356-323), que os escritores gregos tiveram oportunidade de conhecer diretamente e descrever as tradições religiosas dos povos orientais. Sob Alexandre, Bérose, sacerdote de Bel, publica suas Babyloniká. Megasténe, várias vezes enviado por Seleukos Nikator, entre os anos de 302 e 297, em embaixada ao rei indiano Chandragupta, publica Indiká. Hecateu de Abdera ou de Téos (365-270/275) escreve sobre os hiperbóreos e consagra à teologia dos egípcios os seus Aigyptiaká. O sacerdote egípcio Manéton (século III) aborda o mesmo assunto em obra publicada sob o mesmo título. Foi assim que o mundo alexandrino passou a conhecer um grande número de mitos, ritos e costumes religiosos exóticos.

No início do século III, em Atenas, Epicuro (341-270) empreendeu uma crítica radical da religião: segundo ele, o "consenso universal" prova que os deuses existem, mas Epicuro considera-os seres superiores e longínquos, sem nenhuma relação com os homens. Suas teses ganharam popularidade no mundo latino no século I a.C., graças, sobretudo, a Lucrécio (c. 98-c. 53).

Mas foram os estóicos que, no final do período antigo, exerceram uma influência profunda, ao elaborarem a exegese alegórica, método que lhes permitiu resgatar e, ao mesmo tempo, revalorizar a herança mitológica. Segundo os estóicos, os mitos revelavam visões filosóficas sobre a natureza profunda das coisas, ou encerravam preceitos morais. Os múltiplos nomes dos deuses designavam uma só divindade, e todas as religiões exprimiam a mesma verdade fundamental; só variava a terminologia. O alegorismo estóico permitiu a tradução, numa linguagem universal e facilmente compreensível, de qualquer tradição antiga ou exótica. O método alegórico alcançou sucesso considerável; desde então passou a ser freqüentemente utilizado.

A idéia de que certos deuses eram reis ou heróis divinizados pelos serviços que haviam prestado à humanidade abria caminho desde Heródoto. Mas foi Evêmero (c. 330-c. 260) que popularizou essa interpretação pseudo-histórica da mitologia em seu livro A Inscrição Sagrada. A grande difusão do evemerismo deveu-se, sobretudo, ao poeta Ennius (239-169), que verteu para o latim A Inscrição Sagrada, aos polemistas cristãos, que mais tarde se apoderaram dos argumentos de Evêmero. Com um método muito mais rigoroso, o erudito Políbio (c. 210-205-c. 125) e o geógrafo Estrabão (c. 60-c. 25 d.C.) esforçaram-se por esclarecer o fundo histórico que certos mitos gregos podiam encerrar.

Entre os ecléticos romanos, Cícero (106-43) e Varrão (116-27) merecem menção especial pelo valor histórico-religioso de suas obras. Os quarenta livros das Antiguidades Romanas, de Varrão, acumulavam uma erudição imensa. No De Natura Deorum, Cícero dava uma descrição bastante fiel da situação dos ritos e crenças no último século da era pagã.

A difusão dos cultos orientais e das religiões dos mistérios no Império Romano, e o sincretismo religioso que daí resultou, sobretudo na Alexandria, favoreceu o conhecimento das religiões exóticas e as investigações sobre as antiguidades religiosas dos diversos países. Nos dois primeiros séculos da era cristã, o evemerista Herennius Philon publicou sua História Fenícia, Pausânias a Descrição da Grécia – inesgotável mina para o historiador das religiões – e (o pseudo-) Apolodoro sua Biblioteca consagrada à mitologia. O neopitagorismo e o neoplatonismo efetuaram, com base nessas obras, a revalorização da exegese espiritualista dos mitos e dos ritos. Um representante típico dessa exegese é Plutarco (45-50-c. 125), particularmente no seu tratado De Iside et Osiride. Segundo

Plutarco, a diversidade das formas religiosas é apenas aparente; os simbolismos revelam a unidade fundamental das religiões. A tese estóica é expressa com um novo brilho por Sêneca (2-66): as múltiplas divindades são os aspectos de um Deus único. Por outro lado, as descrições das religiões estrangeiras e dos cultos esotéricos multiplicam-se. César (101-44 a.C.) e Tácito (c. 55-120) forneceram informações preciosas sobre as religiões dos gauleses e dos germanos; Apuleio (século II d.C.) descreveu a iniciação dos mistérios de Ísis; Luciano apresentou o culto sírio no seu De Dea Syria (c. 120 d.C.)

Para os apologistas e os heresiarcas cristãos, a questão se colocava num outro plano, pois aos múltiplos deuses do paganismo eles opunham o deus único da religião revelada. Era-lhes necessário, portanto, demonstrar, por um lado, a origem sobrenatural do cristianismo – e, por conseqüência, sua superioridade – e, por outro lado, tinham de explicar a origem dos deuses pagãos, sobretudo a idolatria do mundo pré-cristão. Também precisavam explicar as semelhanças entre as religiões dos mistérios e o cristianismo. Foram sustentadas várias teses: 1) os demônios, nascidos do comércio dos anjos caídos com as "filhas dos homens", tinham arrastado os povos para a idolatria; 2) o plágio (os anjos maus, conhecendo as profecias, estabeleceram semelhanças entre as religiões pagãs e o judaísmo e o cristianismo, a fim de perturbarem os crentes; os filósofos do paganismo haviam inspirado suas doutrinas em Moisés e nos profetas); 3) a razão humana pode elevar-se por si mesma ao conhecimento da verdade, portanto o mundo pagão podia ter um conhecimento natural de Deus.

A reação pagã tomou múltiplas vias. Manifestou-se pelo ataque violento, por volta de 178, do neopitagórico Celso contra a originalidade e o valor espiritual do cristia-

nismo; pela Vida de Apolônio de Tiana, *escrita pelo sofista Filostrato (c. 175-149), na qual são comparadas as concepções religiosas dos indianos, dos gregos e dos egípcios e que propõe um ideal de religiosidade pagã e de tolerância; pelo neoplatônico Porfírio (c. 233-c. 305), discípulo e editor de Plotino, que ataca habilmente o cristianismo utilizando o método alegórico; por Jâmblico (c. 280-c. 230), que milita por um ideal de sincretismo e tolerância.*

No contra-ataque cristão distinguem-se, no grupo africano, Minucius Félix, Tertuliano, Lactâncio, Firminus Maternus e, no grupo alexandrino, os grandes eruditos Clemente de Alexandria e Orígenes. Eusébio de Cesaréia na sua Crônica, *Santo Agostinho na* Cidade de Deus *e Paulo Orósio nas suas* Histórias *trouxeram as últimas refutações do paganismo. Concordavam com os autores pagãos ao sustentarem a tese da degenerescência crescente das religiões. Nos seus escritos, como aliás nos escritos de seus adversários e dos outros autores cristãos, conservou-se um número considerável de informações histórico-religiosas sobre os mitos, ritos e costumes de quase todos os povos do Império Romano, bem como sobre os gnósticos e as seitas heréticas cristãs.*

No Ocidente, o interesse pelas religiões estrangeiras foi suscitado durante a Idade Média pelo confronto com o Islã. Em 1411, Pedro, o Venerável, mandou que Roberto de Rétines traduzisse o Corão, *e em 1250 fundaram-se escolas de ensino do árabe. Nessa data, o Islã já produzira obras importantes acerca das religiões pagãs. Al-Bîrunî (973-1048) fizera uma descrição notável das religiões e das filosofias indianas; Chaharastani (m. 1153) escrevera um tratado sobre as escolas islâmicas; Ibn Hazn (994-1064) compilara um volumoso e erudito* Livro das soluções decisivas relativas às religiões, seitas e escolas, *no qual falava do dualismo masdeísta e maniqueu dos brâmanes, judeus, cristãos, ateístas e das numerosas seitas islâmicas. Mas era sobretudo Averroes (Ibn Roshd, 1126-1198) que, depois de uma profunda influência sobre o pensamento islâmico, estava destinado a provocar toda uma corrente de pensamento no Ocidente. Na sua interpretação da religião, Averroes utilizou o método simbólico e o alegorismo. Concluiu que todas as religiões monoteístas eram verdadeiras, mas partilhava com Aristóteles a opinião de que, num mundo eterno, as religiões apareciam e desapareciam numerosas vezes.*

Entre os judeus da Idade Média, merecem destaque dois autores: Saadia (892-942), com seu livro Das crenças e das opiniões *(publicado por volta de 933), no qual faz uma exposição das religiões dos brâmanes, cristãos e muçulmanos integrada a uma filosofia religiosa, e Maimônides (1135-1204), que empreendeu um estudo comparativo das religiões, evitando cuidadosamente a posição do sincretismo. Nesse estudo, o autor tentou explicar as imperfeições da primeira religião revelada, o judaísmo, pela doutrina da condescendência divina e do progresso da humanidade, teses que haviam sido utilizadas também pelos padres da Igreja.*

A aparição dos mongóis na Ásia Menor e sua hostilidade em relação aos árabes decidiram os papas a enviarem missionários a fim de se informarem das religiões e dos costumes desse povo. Em 1244 Inocêncio IV enviou dois dominicanos e dois franciscanos, um dos quais, Jean du Plan de Carpin, ao regressar de Karakorum, na Ásia Central, escreveu o Historia Mongalorum. *Em 1253, S. Luís enviou Guillaume Ruysbroeck a Karakorum, onde este, segundo conta, sustentou uma disputa contra os maniques e os sarracenos. Por fim, em 1274, o veneziano Marco Polo publicou seu livro no qual falava, dentre outras maravilhas do Oriente, da vida de Buda. Todos esses li-*

vros tiveram um sucesso imenso. Utilizando essa documentação nova, Vincent de Beauvais, Roger Bacon e Raymundo Lúlio expuseram em seus escritos as crenças dos "idólatras", dos tártaros, dos sarracenos e dos judeus. As teses dos primeiros apologistas cristãos foram retomadas: de um lado, a doutrina do conhecimento espontâneo de Deus; de outro, as teses da degenerescência e da influência dos demônios na difusão do politeísmo.

A Renascença reencontra e revaloriza o paganismo, sobretudo graças à moda alegorista do neoplatonismo. Marsilio Ficino (1433-1499) editou Porfírio, o pseudo-Jâmblico, Hermes Trismegisto e compôs uma Teologia platônica. *Ficino considerava os últimos discípulos de Plotino os mais autorizados intérpretes de Platão. Os humanistas supunham a existência de uma tradição comum a todas as religiões, sustentando que o conhecimento desta bastava para a salvação e que, em suma, todas as religiões eram equivalentes. Em 1520 aparece a primeira história geral das religiões:* Omnium gentium mores, leges et ritus, *de Jean Boem, da ordem teutônica, em que se encontravam descritas as crenças da África, da Ásia e da Europa.*

As descobertas geográficas dos séculos XV e XVI abriram novos horizontes ao conhecimento do homem religioso. As narrativas dos primeiros exploradores foram reunidas em "coletâneas de viagens" e obtiveram enorme sucesso entre os eruditos europeus. A essas coletâneas adicionaram-se em seguida as Cartas *e os* Relatos *publicados pelos missionários da América e da China. Uma primeira tentativa de comparação entre as religiões do Novo Mundo e as da Antiguidade foi feita pelo missionário J. Fr. Lafitau, em* Moeurs des sauvages américains comparées aux moeurs des premiers temps *(Paris, 1724). O juiz Ch. de Brosses apresenta à Académie des Inscriptions, em 1757, a memória* Du culte des dieux fétiches ou Parallèle de l'ancienne religion de l'Egypte avec la religion actuelle de la Nigritie, *que a academia considerou audaciosa demais para ser publicada e que apareceu anônima em 1760. Respondendo a Lafitau e inspirando-se em Hume, Ch. de Brosses considera errada a suposição de que os povos inicialmente tiveram de Deus uma concepção pura, que se foi degenerando através dos tempos; pelo contrário, visto que "o espírito humano se eleva por graus do inferior para o superior", a primeira forma religiosa só pode ter sido grosseira: o fetichismo – termo que Ch. de Brosses utiliza no sentido vago de culto dos animais, vegetais e objetos inanimados.*

Os deístas ingleses, sobretudo D. Hume, os filósofos e enciclopedistas franceses – J.-J. Rousseau, Voltaire, Diderot, d'Alembert – e os iluministas alemães (principalmente F. A. Wolf e Lessing) retomam com vigor a discussão do problema da religião natural. Mas foram os eruditos que fizeram uma contribuição positiva para a interpretação das religiões exóticas, pagãs ou primitivas. Certos autores exerceram uma grande influência, tanto pelas hipóteses que levantaram, como pelas reações que suas obras provocaram ao longo do tempo: Fontenelle, no seu Discours sur l'origine des fables *(publicado em 1724, mas composto entre 1680 e 1699), dá provas de um espírito histórico penetrante e antecipa as teorias animistas do século XIX; François Dupuis publica em 1794* L'Origine de tous les cultes, *em que se esforça por demonstrar que a história dos deuses, mesmo a vida de Cristo, não passa de alegorias do curso dos astros, tese que será retomada pelos panbabilonistas do fim do século XIX; Freiderich Creuzer, na sua* Symbolik und Mythologie der alten Völkern, besonders der Griechen *(1810-1812), tenta reconstruir as fases primordiais das religiões "pelágicas" e orientais e mostrar o papel dos símbolos (suas teses foram demolidas pelo racio-*

nalista Christian August Lobeck numa obra enorme, publicada em 1829, Aglaophamus*).*

Graças às descobertas feitas em todos os setores do orientalismo na primeira metade do século XIX, e graças também à constituição da filologia indo-européia e da lingüística comparada, a história das religiões atingiu seu verdadeiro impulso com Max Müller (1823-1900). Em Essay on Comparative Mythology, *que data de 1856, Müller abre uma longa série de estudos seus e dos partidários da sua teoria. Müller explica a criação dos mitos pelos fenômenos naturais – sobretudo as epifanias do Sol – e o nascimento dos deuses por uma "doença da linguagem": o que, originariamente, não passava de um nome,* nomen, *tornou-se uma divindade,* numen. *Suas teses tiveram um sucesso considerável e só perderam a popularidade pelos fins do século XIX, depois dos trabalhos de W. Mannhardt (1831-1880) e Edward Burnett Tylor (1832-1917). W. Mannhardt, em seu livro* Wald-und Feldkulte *(1875-77), mostrou a importância da "baixa mitologia", sobrevivente ainda nos ritos e nas crenças dos camponeses. Segundo ele, essas crenças representam um estágio da religião mais antigo do que as mitologias naturistas estudadas por Max Müller. As teses de Mannhardt foram retomadas e popularizadas por Sir James George Frazer, na obra* The Golden Bough *(1890; 3ª edição 1907-1913, em 12 volumes). Em 1871 apareceu o livro de E.B. Tylor,* Primitive Culture, *que fez época ao lançar uma nova moda, a do animismo: para o homem primitivo, tudo é dotado de uma alma, e essa crença fundamental e universal não só explicaria o culto dos mortos e dos antepassados, mas também o nascimento dos deuses. Uma nova teoria, a do pré-animismo, foi elaborada a partir de 1900 por R. R. Marrett, K. Th. Preuss e outros sábios: segundo essa teoria, na origem da religião encontra-se a experiência de uma* *força impessoal (*mana*). Uma crítica do animismo, mas partindo de outro ponto de vista, foi feita por Andrew Lang (1844-1912), que constatou, nos níveis arcaicos de cultura, a crença em Seres supremos (*All-Fathers*), que não podia ser explicada pela crença em espíritos. O. P. Wilhelm Schmidt (1868-1954) retomou essa idéia e, elaborando-a nas perspectivas do método histórico-cultural, esforçou-se por demonstrar a existência de um monoteísmo fundamental (cf.* Der Ursprung der Gottesidee, *12 volumes, 1912-1955).*

Durante a primeira metade do século XIX surgem outros movimentos. Emile Durkheim (1858-1917) julgava ter encontrado no totemismo a explicação sociológica da religião. (O termo totem *designa, entre os Odjibwa da América, o animal cujo nome o clã usa e que é considerado o antepassado da raça.) Já em 1869, J. F. Mac Lennan afirmava que o totemismo constitui a primeira forma religiosa. Mas investigações posteriores, sobretudo as de Frazer, mostraram que o totemismo não se difundiu por todo o mundo e que, portanto, não podia ser considerado a forma religiosa mais antiga. Lucien Lévy-Bruhl tentou provar que o comportamento religioso se explicaria pela mentalidade pré-lógica dos primitivos – hipótese a que renunciou no fim da sua vida. Mas essas hipóteses sociológicas não exerceram uma influência duradoura sobre as investigações histórico-religiosas. Alguns etnólogos, esforçando-se por fazer de sua disciplina uma ciência histórica, contribuíram indiretamente para a história das religiões. Entre esses etnólogos, podemos citar Fr. Graebner, Leo Frobenius, W. W. Rivers, Wilhelm Schmidt na Europa, e a escola americana de Franz Boas. Wilhelm Wundt (1832-1920), Willian James (1842-1910) e Sigmund Freud (1856-1939) propuseram explicações psicológicas da religião. A fenomenologia da religião teve o seu pri-*

meiro representante autorizado em Gerardus van der Leeuw (1890-1950).

Atualmente, os historiadores das religiões estão divididos entre duas orientações metodológicas divergentes, mas complementares: uns concentram sua atenção principalmente nas estruturas específicas dos fenômenos religiosos, enquanto outros interessam-se de preferência pelo contexto histórico desses fenômenos; os primeiros esforçam-se por compreender a essência da religião, os outros trabalham por decifrar e apresentar sua história.

INTRODUÇÃO

Ainda nos lembramos da repercussão mundial que obteve o livro de Rudolf Otto, *Das Heilige* (1917). Seu sucesso deu-se graças, sem dúvida, à novidade e à originalidade da perspectiva adotada pelo autor. Em vez de estudar as idéias de Deus e de religião, Rudolf Otto aplicara-se na análise das modalidades da *experiência religiosa*. Dotado de grande refinamento psicológico e fortalecido por uma dupla preparação de teólogo e de historiador das religiões, Rudolf Otto conseguiu esclarecer o conteúdo e o caráter específico dessa experiência. Negligenciando o lado racional e especulativo da religião, Otto voltou-se sobretudo para o lado irracional, pois tinha lido Lutero e compreendera o que quer dizer, para um crente, o "Deus vivo". Não era o Deus dos filósofos, o Deus de Erasmo, por exemplo; não era uma idéia, uma noção abstrata, uma simples alegoria moral. Era, pelo contrário, um *poder* terrível, manifestado na "cólera" divina.

Na obra *Das Heilige*, Rudolf Otto esforça-se por clarificar o caráter específico dessa experiência terrífica e irracional. Descobre o *sentimento de pavor* diante do sagrado, diante desse *mysterium tremendum*, dessa *majestas* que exala uma superioridade esmagadora de poder; encontra o temor religioso diante do *mysterium fascinans*, em que se expande a perfeita plenitude do ser. R. Otto designa todas essas experiências como *numinosas* (do latim *numen*, "deus") porque elas são provocadas pela revelação de um aspecto do poder divino. O numinoso singulariza-se como qualquer coisa de *ganz andere**, radical e totalmente diferente: não se assemelha a nada de humano ou cósmico; em relação ao *ganz andere*, o homem tem o sentimento de sua profunda nulidade, o sentimento de "não ser mais do que uma criatura", ou seja – segundo os termos com que Abraão se dirigiu ao Senhor –, de não ser "senão cinza e pó" (Gênesis, 18: 27).

O sagrado manifesta-se sempre como uma realidade inteiramente diferente das realidades "naturais". É certo que a linguagem exprime ingenuamente o *tremendum*, ou a *majestas*, ou o *mysterium fascinans* mediante termos tomados de empréstimo ao domínio natural ou à vida espiritual profana do homem. Mas sabemos que essa terminologia analógica se deve justamente à incapacidade humana de exprimir o *ganz andere*: a linguagem apenas pode sugerir tudo o que ultrapassa a experiência natural do homem mediante termos tirados dessa mesma experiência natural.

Passados quarenta anos, as análises de R. Otto guardam ainda seu valor; o leitor tirará proveito da leitura e da meditação delas. Mas nas páginas que seguem situamo-nos numa outra perspectiva. Propomo-nos apresentar o fenômeno do sagrado em toda a sua complexidade, e

---

* Em alemão no texto original. (N.T.)

coisa.) É, portanto, fácil de compreender que o homem religioso deseje profundamente *ser*, participar da *realidade*, saturar-se de poder.

É deste assunto, sobretudo, que nos ocuparemos nas páginas a seguir: de que maneira o homem religioso se esforça por manter-se o máximo de tempo possível num universo sagrado e, conseqüentemente, como se apresenta sua experiência total da vida em relação à experiência do homem privado de sentimento religioso, do homem que vive, ou deseja viver, num mundo dessacralizado. É preciso dizer, desde já, que o mundo profano *na sua totalidade*, o Cosmos totalmente dessacralizado, é uma descoberta recente na história do espírito humano. Não é nossa tarefa mostrar mediante quais processos históricos, e em conseqüência de que modificações do comportamento espiritual, o homem moderno dessacralizou seu mundo e assumiu uma existência profana. Para o nosso propósito basta constatar que a dessacralização caracteriza a experiência total do homem não-religioso das sociedades modernas, o qual, por essa razão, sente uma dificuldade cada vez maior em reencontrar as dimensões existenciais do homem religioso das sociedades arcaicas.

Dois modos de ser no mundo

Pode-se medir o precipício que separa as duas modalidades de experiência – sagrada e profana – lendo-se as descrições concernentes ao espaço sagrado e à construção ritual da morada humana, ou às diversas experiências religiosas do Tempo, ou às relações do homem religioso com a Natureza e o mundo dos utensílios, ou à consagração da própria vida humana, à sacralidade de que podem ser carregadas suas funções vitais (alimentação, sexualidade, trabalho etc.). Bastará lembrar no que se tornaram, para o homem moderno e a-religioso, a cidade ou a casa, a Natureza, os utensílios ou o trabalho, para perceber claramente tudo o que o distingue de um homem pertencente às sociedades arcaicas ou mesmo de um camponês da Europa cristã. Para a consciência moderna, um ato fisiológico – a alimentação, a sexualidade etc. – não é, em suma, mais do que um fenômeno orgânico, qualquer que seja o número de tabus que ainda o envolva (que impõe, por exemplo, certas regras para "comer convenientemente" ou que interdiz um comportamento sexual que a moral social reprova). Mas para o "primitivo" um tal ato nunca é simplesmente fisiológico; é, ou pode tornar-se, um "sacramento", quer dizer, uma comunhão com o sagrado.

O leitor não tardará a dar-se conta de que o *sagrado* e o *profano* constituem duas modalidades de ser no Mundo, duas situações existenciais assumidas pelo homem ao longo da sua história. Esses modos de ser no Mundo não interessam unicamente à história das religiões ou à sociologia, não constituem apenas o objeto de estudos históricos, sociológicos, etnológicos. Em última instância, os modos de ser *sagrado* e *profano* dependem das diferentes posições que o homem conquistou no Cosmos e, conseqüentemente, interessam não só ao filósofo mas também a todo investigador desejoso de conhecer as dimensões possíveis da existência humana.

Por essa razão, o autor deste pequeno livro, embora um historiador das religiões, propõe-se não escrever unicamente da perspectiva da ciência que cultiva. O homem das sociedades tradicionais é, por assim dizer, um *homo religiosus*, mas seu comportamento enquadra-se no comportamento geral do homem e, por conseguinte, interessa à antropologia filosófica, à fenomenologia, à psicologia.

A fim de sublinhar melhor as notas específicas da existência num mundo suscetível de tornar-se sagrado, não hesitaremos em citar exemplos escolhidos entre um grande número de religiões, pertencentes a idades e culturas diferentes. Nada pode substituir o exemplo, o fato concreto. Seria vão discorrer acerca da estrutura do espaço sagrado sem mostrar, com exemplos precisos, como se constrói um tal espaço e por que é que tal espaço se torna qualitativamente diferente do espaço profano que o cerca. Tomaremos esses exemplos entre mesopotâmicos, indianos, chineses, kwakiutls e outras populações primitivas. Da perspectiva histórico-cultural, uma tal justaposição de fatos religiosos, pertencentes a povos tão distantes no tempo e no espaço, não deixa de ser um tanto perigosa, pois há sempre o risco de se recair nos erros do século XIX e, principalmente, de se acreditar, como Tylor ou Frazer, numa reação uniforme do espírito humano diante dos fenômenos naturais. Ora, os progressos da etnologia cultural e da história das religiões mostraram que nem sempre isso ocorre, que as "reações do homem diante da Natureza" são condicionadas muitas vezes pela cultura – portanto, em última instância, pela história.

Mas, para o nosso propósito, é mais importante salientar as notas específicas da experiência religiosa do que mostrar suas múltiplas variações e as diferenças ocasionadas pela história. É um pouco como se, a fim de captarmos melhor o fenômeno poético, apelássemos para uma massa de exemplos heterogêneos, citando, ao lado de Homero, Virgílio ou Dante, poemas hindus, chineses ou mexicanos – ou seja, tomando em conta não só poéticas historicamente solidárias (Homero, Virgílio, Dante) mas também algumas criações baseadas em outras estéticas. Do ponto de vista da história da literatura, tais justaposições são duvidosas – mas são válidas se temos em vista a descrição do fenômeno poético como tal, se nos propomos mostrar a diferença essencial entre a linguagem poética e a linguagem utilitária, cotidiana.

O sagrado e a história

O que nos interessa, acima de tudo, é apresentar as dimensões específicas da experiência religiosa, salientar suas diferenças com a experiência profana do Mundo. Não insistiremos sobre os inumeráveis condicionamentos que a experiência religiosa no Mundo sofreu no curso do tempo. É evidente, por exemplo, que os simbolismos e os cultos da Terra-Mãe, da fecundidade humana e agrária, da sacralidade da mulher etc. não puderam desenvolver-se e constituir um sistema religioso amplamente articulado senão pela descoberta da agricultura. É igualmente evidente que uma sociedade pré-agrícola, especializada na caça, não podia sentir da mesma maneira, nem com a mesma intensidade, a sacralidade da Terra-Mãe. Há, portanto, uma diferença de experiência religiosa que se explica pelas diferenças de economia, cultura e organização social – numa palavra, pela história. Contudo, entre os caçadores nômades e os agricultores sedentários, há uma similitude de comportamento que nos parece infinitamente mais importante do que suas diferenças: *tanto uns como outros vivem num Cosmos sacralizado*; uns como outros participam de uma sacralidade cósmica, que se manifesta tanto no mundo animal como no mundo vegetal. Basta comparar suas situações existenciais às de um homem das sociedades modernas, *vivendo num Cosmos dessacralizado*, para imediatamente nos darmos conta de tudo o que separa este último dos outros. Do mesmo modo, damo-nos conta da validade das comparações entre fatos religiosos pertencentes a diferentes culturas: todos esses fatos partem de um mesmo comportamento, que é o do *homo religiosus*.

Este livro pode, pois, servir como uma introdução geral à história das religiões, visto que descreve as modalidades do sagrado e a situação do homem num mundo carregado de valores religiosos. Mas não constitui uma obra da história das religiões no sentido estrito do termo, pois o autor não se deu à tarefa de indicar, a propósito dos exemplos que cita, os respectivos contextos histórico-culturais. Para fazê-lo, seriam necessários vários volumes. O leitor encontrará todas as informações adicionais na bibliografia.

Saint-Cloud, abril de 1956
Mircea Eliade

não apenas no que ele comporta de *irracional*. Não é a relação entre os elementos não-racional e racional da religião que nos interessa, mas sim o *sagrado na sua totalidade*. Ora, a primeira definição que se pode dar ao sagrado é que ele se opõe ao profano. As páginas que o leitor vai abordar têm por objetivo ilustrar e precisar essa oposição entre o sagrado e o profano.

Quando o sagrado se manifesta

O homem toma conhecimento do sagrado porque este *se manifesta*, se mostra como algo absolutamente diferente do profano. A fim de indicarmos o ato da manifestação do sagrado, propusemos o termo *hierofania*. Este termo é cômodo, pois não implica nenhuma precisão suplementar: exprime apenas o que está implicado no seu conteúdo etimológico, a saber, que *algo de sagrado se nos revela*[1]. Poder-se-ia dizer que a história das religiões – desde as mais primitivas às mais elaboradas – é constituída por um número considerável de hierofanias, pelas manifestações das realidades sagradas. A partir da mais elementar hierofania – por exemplo, a manifestação do sagrado num objeto qualquer, uma pedra ou uma árvore – e até a hierofania suprema, que é, para um cristão, a encarnação de Deus em Jesus Cristo, não existe solução de continuidade. Encontramo-nos diante do mesmo ato misterioso: a manifestação de algo "de ordem diferente" – de uma realidade que não pertence ao nosso mundo – em objetos que fazem parte integrante do nosso mundo "natural", "profano".

O homem ocidental moderno experimenta um certo mal-estar diante de inúmeras formas de manifestações do sagrado: é difícil para ele aceitar que, para certos seres humanos, o sagrado possa manifestar-se em pedras ou árvores, por exemplo. Mas, como não tardaremos a ver, não se trata de uma veneração da *pedra como pedra*, de um culto da *árvore como árvore*. A pedra sagrada, a árvore sagrada não são adoradas com pedra ou como árvore, mas justamente porque são *hierofanias*, porque "revelam" algo que já não é nem pedra, nem árvore, mas o *sagrado*, o *ganz andere*.

Nunca será demais insistir no paradoxo que constitui toda hierofania, até a mais elementar. Manifestando o sagrado, um objeto qualquer torna-se *outra coisa* e, contudo, continua a ser *ele mesmo*, porque continua a participar do meio cósmico envolvente. Uma pedra *sagrada* nem por isso é menos uma *pedra*; aparentemente (para sermos mais exatos, de um ponto de vista profano) nada a distingue de todas as demais pedras. Para aqueles a cujos olhos uma pedra se revela sagrada, sua realidade imediata transmuda-se numa realidade sobrenatural. Em outras palavras, para aqueles que têm uma experiência religiosa, toda a Natureza é suscetível de revelar-se como sacralidade cósmica. O Cosmos, na sua totalidade, pode tornar-se uma hierofania.

O homem das sociedades arcaicas tem a tendência para viver o mais possível no sagrado ou muito perto dos objetos consagrados. Essa tendência é compreensível, pois para os "primitivos", como para o homem de todas as sociedades pré-modernas, o *sagrado* equivale ao *poder* e, em última análise, à *realidade* por excelência. O sagrado está saturado de ser. Potência sagrada quer dizer ao mesmo tempo realidade, perenidade e eficácia. A oposição sagrado/profano traduz-se muitas vezes como uma oposição entre *real* e *irreal* ou pseudo-real. (Não se deve esperar encontrar nas línguas arcaicas essa terminologia dos filósofos – *real-irreal* etc. –, mas encontra-se a

CAPÍTULO I

O ESPAÇO SAGRADO E A SACRALIZAÇÃO DO MUNDO

Homogeneidade espacial e hierofania

Para o homem religioso, *o espaço não é homogêneo*: o espaço apresenta roturas, quebras; há porções de espaço qualitativamente diferentes das outras. "Não te aproximes daqui, disse o Senhor a Moisés; tira as sandálias de teus pés, porque o lugar onde te encontras é uma terra santa." (Êxodo, 3: 5) Há, portanto, um espaço sagrado, e por conseqüência "forte", significativo, e há outros espaços não-sagrados, e por conseqüência sem estrutura nem consistência, em suma, amorfos. Mais ainda: para o homem religioso essa não-homogeneidade espacial traduz-se pela experiência de uma oposição entre o espaço sagrado – o único que é *real*, que existe *realmente* – e todo o resto, a extensão informe, que o cerca.

É preciso dizer, desde já, que a experiência religiosa da não-homogeneidade do espaço constitui uma experiência primordial, que corresponde a uma "fundação do mundo". Não se trata de uma especulação teórica, mas de uma experiência religiosa primária, que precede toda a reflexão sobre o mundo. É a rotura operada no espaço que permite a constituição do mundo, porque é ela que descobre o "ponto fixo", o eixo central de toda a orientação futura. Quando o sagrado se manifesta por uma hierofania qualquer, não só há rotura na homogeneidade do espaço, como também *revelação de uma realidade absoluta*, que se opõe à *não-realidade* da imensa extensão envolvente. A manifestação do sagrado funda ontologicamente o mundo. Na extensão homogênea e infinita onde não é possível nenhum ponto de referência, e onde, portanto, nenhuma *orientação* pode efetuar-se, a hierofania revela um "ponto fixo" absoluto, um "Centro".

Vemos, portanto, em que medida a descoberta – ou seja, a revelação – do espaço sagrado tem um valor existencial para o homem religioso; porque nada pode começar, nada se pode *fazer* sem uma orientação prévia – e toda orientação implica a aquisição de um ponto fixo. É por essa razão que o homem religioso sempre se esforçou por estabelecer-se no "Centro do Mundo". *Para viver no Mundo é preciso fundá-lo* – e nenhum mundo pode nascer no "caos" da homogeneidade e da relatividade do espaço profano. A descoberta ou a projeção de um ponto fixo – o "Centro" – equivale à Criação do Mundo, e não tardaremos a citar exemplos que mostrarão, de maneira absolutamente clara, o valor cosmogônico da orientação ritual e da construção do espaço sagrado.

Em contrapartida, para a experiência profana, o espaço é homogêneo e neutro: nenhuma rotura diferencia qualitativamente as diversas partes de sua massa. O espaço geométrico pode ser cortado e delimitado seja em que direção for, mas sem nenhuma diferenciação qualitativa – e portanto sem nenhuma orientação – de sua própria estrutura. Basta que nos lembremos da definição do espaço dada por um clássico da geometria. Evidentemente, é preciso não confundir o *conceito* do espaço geométrico homogêneo e neutro com a *experiência* do espaço "profano" que se opõe à experiência do espaço sagrado, e que é a única que interessa ao nosso objetivo. O *conceito* do espaço homogêneo e a história desse conceito (pois foi adotado pelo pensamento filosófico e científico desde a Antiguidade) constituem um problema completamente diferente, que não abordaremos aqui. O que interessa à nossa investigação é a *experiência* do espaço tal como é vivida pelo homem não-religioso, quer dizer, por um homem que recusa a sacralidade do mundo, que assume unicamente uma existência "profana", purificada de toda pressuposição religiosa.

É preciso acrescentar que uma tal existência profana jamais se encontra no estado puro. Seja qual for o grau de dessacralização do mundo a que tenha chegado, o homem que optou por uma vida profana não consegue abolir completamente o comportamento religioso. Isto ficará mais claro no decurso de nossa exposição: veremos que até a existência mais dessacralizada conserva ainda traços de uma valorização religiosa do mundo.

Mas, por ora, deixemos de lado este aspecto do problema e limitemo-nos a comparar as duas experiências em questão: a do espaço sagrado e a do espaço profano. Lembremo-nos das implicações da primeira: a revelação de um espaço sagrado permite que se obtenha um "ponto fixo", possibilitando, portanto, a orientação na homogeneidade caótica, a "fundação do mundo", o viver real. A experiência profana, ao contrário, mantém a homogeneidade e portanto a relatividade do espaço. Já não é possível nenhuma *verdadeira* orientação, porque o "ponto fixo" já não goza de um estatuto ontológico único; aparece e desaparece segundo as necessidades diárias. A bem dizer, já não há "Mundo", há apenas fragmentos de um universo fragmentado, massa amorfa de uma infinidade de "lugares" mais ou menos neutros onde o homem se move, forçado pelas obrigações de toda existência integrada numa sociedade industrial.

E, contudo, nessa experiência do espaço profano ainda intervêm valores que, de algum modo, lembram a não-homogeneidade específica da experiência religiosa do espaço. Existem, por exemplo, locais privilegiados, qualitativamente diferentes dos outros: a paisagem natal ou os sítios dos primeiros amores, ou certos lugares na primeira cidade estrangeira visitada na juventude. Todos esses locais guardam, mesmo para o homem mais francamente não-religioso, uma qualidade excepcional, "única": são os "lugares sagrados" do seu universo privado, como se neles um ser não-religioso tivesse tido a revelação de uma *outra* realidade, diferente daquela de que participa em sua existência cotidiana.

Conservemos esse exemplo de comportamento "cripto-religioso" do homem profano. No decurso de nosso trabalho, teremos ocasião de encontrar outros exemplos desse tipo de degradação e dessacralização dos valores e comportamentos religiosos. Mais tarde nos daremos conta da sua significação profunda.

Teofanias e sinais

A fim de pôr em evidência a não-homogeneidade do espaço, tal qual ela é vivida pelo homem religioso, pode-se fazer apelo a qualquer religião. Escolhamos um exemplo ao alcance de todos: uma igreja, numa cidade moderna. Para um crente, essa igreja faz parte de um espaço diferente da rua onde ela se encontra. A porta que se abre para o interior da igreja significa, de fato, uma solução de continuidade. O limiar que separa os dois espaços indica ao mesmo tempo a distância entre os dois modos de ser, profano e religioso. O limiar é ao mesmo tempo o limite, a baliza, a fronteira que distinguem e opõem dois mundos – e o lugar paradoxal onde esses dois mundos se comunicam, onde se pode efetuar a passagem do mundo profano para o mundo sagrado.

Uma função ritual análoga é transferida para o limiar das habitações humanas, e é por essa razão que este último goza de tanta importância. Numerosos ritos acompanham a passagem do limiar doméstico: reverências ou prosternações, toques devotados com a mão etc. O limiar tem os seus "guardiões": deuses e espíritos que proíbem a entrada tanto aos adversários humanos como às potências demoníacas e pestilenciais. É no limiar que se oferecem sacrifícios às divindades guardiãs. É também no limiar que certas culturas paleoorientais (Babilônia, Egito, Israel) situavam o julgamento. O limiar, a porta, *mostra* de uma maneira imediata e concreta a solução de continuidade do espaço; daí a sua grande importância religiosa, porque se trata de um símbolo e, ao mesmo tempo, de um veículo de *passagem*.

Depois de tudo o que acabamos de dizer, é fácil compreender por que a igreja participa de um espaço totalmente diferente daquele das aglomerações humanas que a rodeiam. No interior do recinto sagrado, o mundo profano é transcendido. Nos níveis mais arcaicos de cultura, essa possibilidade de transcendência exprime-se pelas diferentes *imagens de uma abertura*: lá, no recinto sagrado, torna-se possível a comunicação com os deuses; conseqüentemente, deve existir uma "porta" para o alto, por onde os deuses podem descer à Terra e o homem pode subir simbolicamente ao Céu. Assim acontece em numerosas religiões: o templo constitui, por assim dizer, uma "abertura" para o alto e assegura a comunicação com o mundo dos deuses.

Todo espaço sagrado implica uma hierofania, uma irrupção do sagrado que tem como resultado destacar um território do meio cósmico que o envolve e o torna qualitativamente diferente. Quando, em Haran, Jacó viu em sonhos a escada que tocava os céus e pela qual os anjos subiam e desciam, e ouviu o Senhor, que dizia, no cimo: "Eu sou o Eterno, o Deus de Abraão!", acordou tomado de temor e gritou: "Quão terrível é este lugar! Em verdade é aqui a casa de Deus: é aqui a Porta dos Céus!" Agarrou a pedra de que fizera cabeceira, erigiu-a em monumento e verteu azeite sobre ela. A este lugar chamou Betel, que quer dizer "Casa de Deus" (Gênesis, 28: 12-19). O simbolismo implícito na expressão "Porta dos Céus" é rico e complexo: a teofania consagra um lugar pelo próprio fato de torná-lo "aberto" para o alto, ou seja, comunicante com o Céu, ponto paradoxal de passagem de um modo de ser a outro. Não tardaremos a encontrar exemplos ainda mais precisos: santuários que são "Portas dos Deuses" e, portanto, lugares de passagem entre o Céu e a Terra.

Inúmeras vezes nem sequer há necessidade de uma teofania ou de uma hierofania propriamente ditas: um *sinal* qualquer basta para indicar a sacralidade do lugar. "Segundo a lenda, o morabito que fundou El-Hemel no fim do século XVI parou, para passar a noite, perto da fonte e espetou uma vara na terra. No dia seguinte, querendo retomá-la a fim de continuar seu caminho, verificou que a vara lançara raízes e que tinham nascido rebentos. Ele viu nisso o indício da vontade de Deus e fixou sua morada nesse lugar." É que o *sinal* portador de significação religiosa introduz um elemento absoluto e põe fim à relatividade e à confusão. *Qualquer coisa* que não pertence a este mundo manifestou-se de maneira apodítica, traçando desse modo uma orientação ou decidindo uma conduta.

Quando não se manifesta sinal algum nas imediações, o homem *provoca-o*, pratica, por exemplo, uma espécie de *evocatio* com a ajuda de animais: são eles que *mostram* que lugar é suscetível de acolher o santuário ou a aldeia. Trata-se, em resumo, de uma evocação das formas ou figuras sagradas, tendo como objetivo imediato a *orientação* na homogeneidade do espaço. Pede-se um *sinal* para pôr fim à tensão provocada pela relatividade e à ansiedade alimentada pela desorientação, em suma, para encontrar um ponto de apoio absoluto. Um exemplo: persegue-se um animal feroz e, no lugar onde o matam, eleva-se o santuário; ou então põe-se em liberdade um animal doméstico – um touro, por exemplo –, procuram-no alguns dias depois e sacrificam-no ali mesmo onde o encontraram. Em seguida levanta-se o altar e ao redor dele constrói-se a aldeia. Em todos esses casos, são os animais que revelam a sacralidade do lugar, o que significa que os homens não são livres de *escolher* o terreno sagrado, que os homens não fazem mais do que *procurá-lo* e *descobri-lo* com a ajuda de sinais misteriosos.

Esses poucos exemplos mostram-nos os diferentes meios pelos quais o homem religioso recebe a revelação de um lugar sagrado. Em cada um desses casos, as hierofanias anularam a homogeneidade do espaço e revelaram um "ponto fixo". Mas, visto que o homem religioso só consegue viver numa atmosfera impregnada do sagrado, é preciso que tenhamos em conta uma quantidade de técnicas destinadas a consagrarem-lhe o espaço. Como vimos, o sagrado é o *real* por excelência, ao mesmo tempo poder, eficiência, fonte de vida e fecundidade. O desejo do homem religioso de viver *no sagrado* equivale, de fato, ao seu desejo de se situar na realidade objetiva, de não se deixar paralisar pela relatividade sem fim das experiências puramente subjetivas, de viver num mundo real e eficiente – e não numa ilusão. Esse comportamento verifica-se em todos os planos da sua existência, mas é evidente no desejo do homem religioso de mover-se unicamente num mundo santificado, quer dizer, num espaço sagrado. É por essa razão que se elaboraram técnicas de *orientação*, que são, propriamente falando, técnicas de *construção* do espaço sagrado. Mas não devemos acreditar que se trata de um trabalho *humano*, que é graças ao seu esforço que o homem consegue consagrar um espaço. Na realidade, o ritual pelo qual o homem constrói um espaço sagrado é eficiente *à medida que ele reproduz a obra dos deuses*. A fim de compreendermos melhor a necessidade de construir ritualmente o espaço sagrado, é preciso insistir um pouco na concepção tradicional do "mundo": então logo nos daremos conta de que o "mundo" todo é, para o homem religioso, um "mundo sagrado".

Caos e cosmos

O que caracteriza as sociedades tradicionais é a oposição que elas subentendem entre o seu território habitado e o espaço desconhecido e indeterminado que o cerca: o primeiro é o "mundo", mais precisamente, "o nosso mundo", o Cosmos; o restante já não é um Cosmos, mas uma espécie de "outro mundo", um espaço estrangeiro, caótico, povoado de espectros, demônios, "estranhos" (equiparados, aliás, aos demônios e às almas dos mortos). À primeira vista, essa rotura no espaço parece conseqüência da oposição entre um território habitado e organizado, portanto "cosmizado", e o espaço desconhecido que se estende para além de suas fronteiras: tem-se de um lado um "Cosmos" e de outro um "Caos". Mas é preciso observar que, se todo território habitado é um "Cosmos", é justamente porque foi consagrado previamente, porque, de um modo ou outro, esse território é obra dos deuses ou está em comunicação com o mundo deles. O "Mundo" (quer dizer, "o nosso mundo") é um universo no interior do qual o sagrado já se manifestou e onde, por conseqüência, a rotura dos níveis tornou-se possível e se pode repetir. É fácil compreender por que o momento religioso implica o "momento cosmogônico": o sagrado revela a realidade absoluta e, ao mesmo tempo, torna possível a orientação – portanto, *funda o mundo*, no sentido de que fixa os limites e, assim, estabelece a ordem cósmica.

Tudo isso sobressai com muita clareza do ritual védico concernente à tomada de posse de um território: a posse torna-se legalmente válida pela ereção de um altar do fogo consagrado a Agni. "Diz-se que se está instalado quando se construiu um altar de fogo (*gârhapatya*), e todos aqueles que constroem um altar do fogo estão legalmente estabelecidos" (*Shatapatha Brâhmana*, VII, I, I, I-4). Pela ereção de um altar do fogo, Agni tornou-se presente e a comunicação com o mundo dos deuses está assegurada: o espaço do altar torna-se um espaço sagrado. Mas o significado do ritual é muito mais complexo, e quando nos damos conta de todas as suas articulações compreendemos por que a consagração de um território equivale à sua cosmização. Com efeito, a ereção de um altar a Agni não é outra coisa senão a reprodução – em escala microcósmica – da Criação. A água onde se amassa a argila é equiparada à Água primordial; a argila que serve de base ao altar simboliza a Terra; as paredes laterais representam a Atmosfera etc. E a construção é acompanhada de estrofes explícitas que proclamam qual região cósmica acaba de ser criada (*Shatapatha Br.* I, 9, 2, 29 etc.). Conseqüentemente, a elevação de um altar do fogo – a única maneira de validar a posse de um território – equivale a uma cosmogonia.

Um território desconhecido, estrangeiro, desocupado (no sentido, muitas vezes, de desocupado pelos "nossos") ainda faz parte da modalidade fluida e larvar do "Caos". Ocupando-o e, sobretudo, instalando-se, o homem transforma-o simbolicamente em Cosmos mediante uma repetição ritual da cosmogonia. O que deve tornar-se "o nosso mundo", deve ser "criado" previamente, e toda criação tem um modelo exemplar: a Criação do Universo pelos deuses. Quando os colonos escandinavos tomaram posse da Islândia (*land-náma*) e a arrotearam, não consideraram esse empreendimento nem como uma obra original, nem como um trabalho humano e profano. Para eles, seu trabalho não era mais do que a repetição de um ato primordial: a transformação do Caos em Cosmos, pelo ato divino da Criação. Trabalhando a terra desértica, repetiam de fato o ato dos deuses que haviam organizado o Caos, dando-lhe uma estrutura, formas e normas[1].

Quando se trata de arrotear uma terra inculta ou de conquistas e ocupar um território já habitado por "outros" seres humanos, a tomada de posse ritual deve, de qualquer modo, repetir a cosmogonia. Porque, da perspectiva das sociedades arcaicas, tudo o que não é "o nosso mundo" não é ainda um "mundo". Não se faz "nosso" um território senão "criando-o" de novo, quer dizer, consagrando-o. Esse comportamento religioso em relação a terras desconhecidas prolongou-se, mesmo no Ocidente, até a aurora dos tempos modernos. Os "conquistadores" espanhóis e portugueses tomavam posse, em nome de

Jesus Cristo, dos territórios que haviam descoberto e conquistado. A ereção da Cruz equivalia à consagração da região e, portanto, de certo modo, a um "novo nascimento". Porque, pelo Cristo, "passaram as coisas velhas; eis que tudo se fez novo" (II Coríntios, 5:17). A terra recentemente descoberta era "renovada", "recriada" pela Cruz.

Consagração de um lugar: repetição da cosmogonia

É importante compreender que a cosmização dos territórios desconhecidos é sempre uma consagração: organizando um espaço, reitera-se a obra exemplar dos deuses. A relação íntima entre *cosmização* e *consagração* atesta-se já aos níveis elementares de cultura, por exemplo entre os nômades australianos cuja economia se encontra ainda no estágio da colheita e da caça miúda. Segundo as tradições dos achilpa, uma tribo Arunta, o Ser divino Numbakula "cosmizou", nos tempos míticos, o futuro território da tribo, criou seu Antepassado e fundou suas instituições. Do tronco de uma árvore da goma, Numbakula moldou o poste sagrado (*kauwa-auwa*) e, depois de o ter ungido com sangue, trepou por ele e desapareceu no Céu. Esse poste representa um eixo cósmico, pois foi à volta dele que o território se tornou habitável, transformou-se num "mundo". Daí a importância do papel ritual do poste sagrado: durante suas peregrinações, os achilpa transportam-no sempre consigo e escolhem a direção que devem seguir conforme a inclinação do poste. Isto permite que os achilpa, embora se desloquem continuamente, estejam sempre no "seu mundo" e, ao mesmo tempo, em comunicação com o Céu, onde Numbakula desapareceu. Se o poste se quebra, é a catástrofe; é de certa maneira o "fim do Mundo", a regressão ao

Caos. Contam Spencer e Gillen que, tendo-se quebrado uma vez o poste sagrado, toda a tribo foi tomada de angústia; seus membros vaguearam durante algum tempo e finalmente sentaram-se no chão e deixaram-se morrer[2].

Esse exemplo ilustra admiravelmente, e a um só tempo, a função cosmológica do poste ritual e seu papel soteriológico: de um lado, o *kauwa-auwa* reproduz o poste utilizado por Numbakula para cosmizar o mundo; de outro, é graças ao poste que os achilpa acreditam poder comunicar-se com o domínio celeste. Ora, a existência humana só é possível graças a essa comunicação permanente com o Céu. O "mundo" dos achilpa só se torna realmente o mundo *deles* na medida em que reproduz o Cosmos organizado e santificado por Numbakula. Não se pode viver sem uma "abertura" para o transcendente; em outras palavras, não se pode viver no "Caos". Uma vez perdido o contato com o transcendente, a existência no mundo já não é possível – e os achilpa deixam-se morrer.

Instalar-se num território equivale, em última instância, a consagrá-lo. Quando a instalação já não é provisória, como nos nômades, mas permanente, como é o caso dos sedentários, implica uma decisão vital que compromete a existência de toda a comunidade. "Situar-se" num lugar, organizá-lo, habitá-lo – são ações que pressupõem uma escolha existencial: a escolha do Universo que se está pronto a assumir ao "criá-lo". Ora, esse "Universo" é sempre a réplica do Universo exemplar criado e habitado pelos deuses: participa, portanto, da santidade da obra dos deuses.

O poste sagrado dos achilpa "sustenta" o mundo *deles* e assegura a comunicação com o Céu. Temos aqui o protótipo de uma imagem cosmológica que teve uma grande difusão: a dos pilares cósmicos que sustentam o Céu e ao mesmo tempo abrem a via para o mundo dos deuses. Até sua cristianização, os celtas e os germanos conservavam ainda o culto desses pilares sagrados. O *Chronicum laurissense breve*, escrito por volta de 800, conta que Carlos Magno, por ocasião de uma de suas guerras contra os saxões (772), mandou demolir, na cidade de Eresburg, o templo e o madeiro sagrado do "famoso Irmensûl" daquele povo. Rodolfo de Fulda (*c*. 860) entafiza que essa famosa coluna é a "coluna do Universo, sustentando quase todas as coisas" (*universalis columna quasi sustinens omnia*). Encontra-se a mesma imagem cosmológica entre os romanos (Horácio, *Odes*, III, 3), na Índia antiga – onde se fala do *skambha*, o pilar cósmico (*Rig Veda*, I, 105; X, 89, 4 etc.) – e também entre os habitantes das ilhas Canárias e em culturas tão afastadas como as do kwakiutl (Colúmbia britânica) e a dos Nad'a de Flores (Indonésia). Os kwakiutl acreditam que um poste de cobre atravessa os três níveis cósmicos (o mundo de baixo, a Terra, o Céu): no ponto onde o poste entra no Céu encontra-se a "Porta do Mundo do alto". A imagem visível desse pilar cósmico é, no Céu, a Via Láctea. Mas essa obra dos deuses que é o Universo é retomada e imitada pelos homens à escala deles. O *Axis mundi* que se vê no Céu, sob a forma da Via Láctea, tornou-se presente na casa cultual sob a forma de um poste sagrado. É um tronco de cedro de dez a doze metros de comprimento, do qual mais da metade sai pelo telhado da casa cultual. Esse pilar desempenha um papel capital nas cerimônias: é ele que confere uma estrutura cósmica à casa. Nas canções rituais, a casa é chamada de "nosso mundo", e os candidatos à iniciação, que habitam nela, proclamam: "Estou no Centro do Mundo... Estou perto do pilar do mundo" etc.[3] – a mesma assimilação do pilar cósmico ao poste sagrado, e da casa cultual ao Universo, entre os Nad'a de Flores. O poste de sacrifício chama-se "Poste do Céu", e acredita-se que o Céu seja sustentado por ele[4].

O "Centro do Mundo"

O grito do neófito kwakiutl: "Estou no Centro do Mundo!", revela-nos, de imediato, uma das mais profundas significações do espaço sagrado. Lá onde, por meio de uma hierofania, se efetuou a rotura dos níveis, operou-se ao mesmo tempo uma "abertura" em cima (o mundo divino) ou embaixo (as regiões inferiores, o mundo dos mortos). Os três níveis cósmicos – Terra, Céu, regiões inferiores – tornaram-se comunicantes. Como acabamos de ver, a comunicação às vezes é expressa por meio da imagem de uma coluna universal, *Axis mundi*, que liga e sustenta o Céu e a Terra, e cuja base se encontra cravada no mundo de baixo (que se chama "Infernos"). Essa coluna cósmica só pode situar-se no próprio centro do Universo, pois a totalidade do mundo habitável espalha-se à volta dela. Temos, pois, de considerar uma seqüência de concepções religiosas e imagens cosmológicas que são solidárias e se articulam num "sistema", ao qual se pode chamar de "sistema do Mundo" das sociedades tradicionais: (*a*) um lugar sagrado constitui uma rotura na homogeneidade do espaço; (*b*) essa rotura é simbolizada por uma "abertura", pela qual se tornou possível a passagem de uma região cósmica a outra (do Céu à Terra e vice-versa; da Terra para o mundo inferior); (*c*) a comunicação com o Céu é expressa indiferentemente por certo número de imagens referentes todas elas ao *Axis mundi*: pilar (cf. a *universalis columna*), escada (cf. a escada de Jacó), montanha, árvore, cipós etc.; (*d*) em torno desse eixo cósmico estende-se o "Mundo" ("nosso mundo") – logo, o eixo encontra-se "ao meio", no "umbigo da Terra", é o Centro do Mundo.

Um grande número de mitos, ritos e crenças diversas deriva desse "sistema do Mundo" tradicional. Não é o caso de citá-los aqui. Parece-nos mais útil limitar-nos a alguns exemplos, escolhidos entre civilizações diferentes, e que podem nos fazer compreender o papel do espaço sagrado na vida das sociedades tradicionais – qualquer que seja, aliás, o aspecto particular sob o qual se apresente esse espaço: lugar santo, casa cultual, cidade, "Mundo". Encontramos por toda a parte o simbolismo do Centro do Mundo, e é ele que, na maior parte dos casos, nos permite entender o comportamento religioso em relação ao "espaço em que se vive".

Comecemos por um exemplo que tem o mérito de nos revelar, de imediato, a coerência e a complexidade de um tal simbolismo: a Montanha Cósmica. Acabamos de ver que a montanha figura entre as imagens que exprimem a ligação entre o Céu e a Terra; considera-se, portanto, que a montanha se encontra no Centro do Mundo. Com efeito, numerosas culturas falam-nos dessas montanhas – míticas ou reais – situadas no Centro do Mundo: é o caso do Meru, na Índia, de Haraberezaiti, no Irã, da montanha mítica "Monte dos Países", na Mesopotâmia, de Gerizim, na Palestina, que se chamava aliás "Umbigo da Terra"[5]. Visto que a montanha sagrada é um *Axis mundi* que liga a Terra ao Céu, ela toca de algum modo o Céu e marca o ponto mais alto do mundo; daí resulta, pois, que o território que a cerca, e que constitui o "nosso mundo", é considerado como a região mais alta. É o que proclama a tradição israelita: a Palestina, sendo a região mais elevada, não foi submersa pelo Dilúvio[6]. Segundo a tradição islâmica, o lugar mais elevado da Terra é a *kâ'aba*, pois "a estrela polar testemunha que ela se encontra defronte do centro do Céu"[7]. Para os cristãos, é o Gólgota que se encontra no cume da Montanha cósmica. Todas essas crenças exprimem um mesmo sentimento, que é profundamente religioso: "nosso mundo" é uma terra santa *porque é o lugar mais próximo do Céu*, porque daqui, dentre nós, pode-se atingir o Céu; nosso mundo é, pois, um "lugar alto". Em termos cosmológicos, essa concepção religiosa traduz-se pela projeção do território privilegiado que é o nosso no cume da montanha cósmica. As especulações posteriores tiraram toda sorte de conclusões, por exemplo a que acabamos de ver a propósito da Palestina: que a Terra Santa não foi submersa pelo Dilúvio.

O mesmo simbolismo do Centro explica outras séries de imagens cosmológicas e crenças religiosas, entre as quais vamos reter as mais importantes: (*a*) as cidades santas e os santuários estão no Centro do Mundo; (*b*) os templos são réplicas da Montanha cósmica e, conseqüentemente, constituem "ligação" por excelência entre a Terra e o Céu; (*c*) os alicerces dos templos mergulham profundamente nas regiões inferiores. Alguns exemplos serão suficientes. Em seguida trataremos de integrar todos esses diversos aspectos de um mesmo simbolismo; veremos então mais claramente como são coerentes essas concepções tradicionais do Mundo.

A capital do soberano chinês perfeito encontra-se no Centro do Mundo: aí, no dia do solstício do verão, ao meio-dia, o gnomo não deve ter sombra[8]. É surpreendente encontrar o mesmo simbolismo aplicado ao Templo de Jerusalém: o rochedo sobre o qual se erguia o templo era o "umbigo da Terra". O peregrino islandês Nicolau de Thvera, que visitara Jerusalém no século XIII, escreveu acerca do Santo Sepulcro: "É ali o meio do Mundo; ali, no dia do solstício do verão, a luz do Sol cai perpendicular do Céu"[9]. A mesma concepção no Irã: a região iraniana (*Airyanam Vaejah*) é o centro e o coração do Mundo. Tal como o coração se encontra no meio do corpo, "o país do Irã é mais precioso que todos os demais países porque está situado no meio do Mundo"[10]. É por isso que Shiz, a "Jerusalém" dos iranianos (por se encontrar no Centro do Mundo), era reputada como o lugar original do poder real e, ao mesmo tempo, a cidade onde Zaratustra nascera[11].

Quanto à assimilação dos templos às Montanhas cósmicas e à sua função de "ligação" entre a Terra e o Céu, testemunham-no os próprios nomes das torres e dos santuários babilônios: chamam-se "Monte da Casa", "Casa do Monte de todas as Terras", "Monte das Tempestades", "Ligação entre o Céu e a Terra" etc. A *ziqqurat* era, propriamente falando, uma Montanha cósmica: os sete andares representavam os sete céus planetários; subindo-os, o sacerdote ascendia ao cume do Universo. Um simbolismo análogo explica a enorme construção do templo de Barabudur, em Java, erigido como uma montanha artificial. Sua escalada equivale a uma viagem extática ao Centro do Mundo; atingindo o terraço superior, o peregrino realiza uma rotura de nível; penetra numa "região pura", que transcende o mundo profano.

Dur-an-ki, "ligação entre o Céu e a Terra", era um nome que se aplicava a vários santuários babilônios (em Nippur, Larsa, Sippar etc.). Babilônia tinha inúmeros nomes, entre os quais "Casa da base do Céu e da Terra", "Ligação entre o Céu e a Terra". Mas é ainda em Babilônia que se fazia a ligação entre a Terra e as regiões inferiores, porque a cidade havia sido construída sobre *bâb-apsû*, "a Porta de Apsû", designando *apsû* as Águas do Caos anterior à Criação. Encontra-se a mesma tradição entre os hebreus: o rochedo do templo de Jerusalém penetrava profundamente o *tehôm*, o equivalente hebraico de *apsû*. E tal como na Babilônia havia a "Porta de Apsû", o rochedo do templo de Jerusalém tapava a "boca de *tehôm*"[12].

O *apsû*, o *tehôm* simbolizam ao mesmo tempo o "Caos" aquático – *a modalidade pré-formal da matéria cósmica* – e o mundo da Morte, de tudo o que precede a vida e a sucede. A "Porta de Apsû" e o rochedo que oculta a "boca de *tehôm*" designam não somente o ponto de intersecção – e portanto de comunicação – entre o mundo inferior e a Terra, mas também a *diferença de regime ontológico entre esses dois planos cósmicos*. Há rotura de nível entre tehôm e o rochedo do Templo que lhe fecha a "boca", *passagem do virtual ao formal, da morte à vida*. O Caos aquático que precedeu a Criação simboliza ao mesmo tempo a regressão ao amorfo efetuada pela morte, o regresso à modalidade larvar da existência. De certo ponto de vista, as regiões inferiores são comparáveis às regiões desérticas e desconhecidas que cercam o território habitado; o mundo de baixo, por cima do qual se estabelece firmemente o nosso "Cosmos", corresponde ao "Caos" que se estende junto às suas fronteiras.

"Nosso Mundo" situa-se sempre no centro

De tudo o que acabamos de dizer resulta que o "verdadeiro mundo" se encontra sempre no "meio", no "Centro", pois é aí que há rotura de nível, comunicação entre as três zonas cósmicas. Trata-se sempre de um Cosmos perfeito, seja qual for sua extensão. Toda uma região (por exemplo, a Palestina), uma cidade (Jerusalém), um santuário (o templo de Jerusalém) representam indiferentemente uma *imago mundi*. Flávio José escreveu, a propósito do simbolismo do templo, que o pátio figurava o Mar (quer dizer, as regiões inferiores), o santuário representava a Terra, e o Santo dos Santos, o Céu (*Ant. Jud.*, III, VII, 7). Verifica-se pois que a *imago mundi*, assim como o "Centro", se repete no interior do mundo habitado. A Palestina, Jerusalém e o Templo de Jerusalém representam cada um e ao mesmo tempo a imagem do Universo e o Centro do Mundo. Essa multiplicidade de "Centros" e essa reiteração da imagem do mundo a escalas cada vez mais modestas constituem uma das notas específicas das sociedades tradicionais.

Parece-nos que se impõe uma conclusão: *o homem religioso desejava viver o mais perto possível do Centro do Mundo*. Sabia que seu país se encontrava efetivamente no meio da Terra; sabia também que sua cidade constituía o umbigo do Universo e, sobretudo, que o Templo ou o Palácio eram verdadeiros Centros do Mundo; mas queria também que sua própria casa se situasse no Centro e que ela fosse uma *imago mundi*. E, como vamos ver, acreditava-se que as habitações situavam-se de fato no Centro do Mundo e reproduziam, em escala microcósmica, o Universo. Em outras palavras, o homem das sociedades tradicionais só podia viver num espaço "aberto" para o alto, onde a rotura de nível estava simbolicamente assegurada e a comunicação com o *outro mundo*, o mundo transcendental, era ritualmente possível. O santuário – o "Centro" por excelência – estava ali, perto dele, na sua cidade, e a comunicação com o mundo dos deuses era-lhe afiançada pela simples entrada no templo. Mas o *homo religiosus* sentia a necessidade de viver sempre no Centro – tal como os achilpa, que, como vimos, traziam sempre consigo o poste sagrado, o *Axis mundi*, a fim de não se afastarem do Centro e permanecerem em comunicação com o mundo supraterrestre. Numa palavra, sejam quais forem as dimensões do espaço que lhe é familiar e no qual ele se sente situado – seu país, sua cidade, sua aldeia, sua casa –, o homem religioso experimenta a necessidade de existir sempre num mundo total e organizado, num Cosmos.

Um Universo origina-se a partir do seu Centro, estende-se a partir de um ponto central que é como o seu "umbigo". É assim que, segundo o *Rig Veda* (X, 149), nasce e se desenvolve o Universo: a partir de um núcleo, de um ponto central. A tradição judaica é ainda mais explícita: "O Santíssimo criou o mundo como um embrião. Tal como o embrião cresce a partir do umbigo, do mesmo modo Deus começou a criar o mundo pelo umbigo e a partir daí difundiu-se em todas as direções". E visto que o "umbigo da Terra", o Centro do Mundo é a Terra Santa, *Yoma* afirma: "O mundo foi criado a começar por Sion[13]. Rabbi bin Gorion disse do rochedo de Jerusalém que "ele se chama a Pedra angular da Terra, quer dizer, o umbigo da Terra, pois foi a partir dali que toda a Terra se desenvolveu"[14]. Por outro lado, uma vez que a criação do homem é uma réplica da cosmogonia, daí resulta que o primeiro homem foi fabricado no "umbigo da Terra" (tradição mesopotâmica), no Centro do Mundo (tradição iraniana), no Paraíso situado no "umbigo da Terra" ou em Jerusalém (tradições judaico-cristãs). E nem podia ser de outra forma, aliás, pois o Centro é justamente o lugar onde se efetua uma rotura de nível, onde o espaço se torna sagrado, *real* por excelência. Uma criação implica superabundância de realidade, ou, em outras palavras, uma irrupção do sagrado no mundo.

Segue-se daí que *toda construção ou fabricação tem como modelo exemplar a cosmogonia*. A Criação do Mundo torna-se o arquétipo de todo gesto criador humano, seja qual for seu plano de referência. Já vimos que a instalação num território reitera a cosmogonia. Agora, depois de termos captado o valor cosmogônico do Centro, compreendemos melhor por que todo estabelecimento humano repete a Criação do Mundo a partir de um ponto central (o "umbigo"). Da mesma forma que o Universo se desenvolve a partir de um Centro e se estende na direção dos quatro pontos cardeais, assim também a aldeia se constitui a partir de um cruzamento. Em Bali, tal como em certas regiões da Ásia, quando se empreende a construção de uma nova aldeia, procura-se um cruzamento natural, onde se cortam perpendicularmente dois caminhos. O quadrado construído a começar de um ponto central é uma *imago mundi*. A divisão da aldeia em quatro setores – que implica aliás uma partilha similar da comunidade – corresponde à divisão do Universo em quatro horizontes. No meio da aldeia deixa-se muitas vezes um espaço vazio: ali se erguerá mais tarde a casa cultual, cujo telhado representa simbolicamente o Céu (em alguns casos, o Céu é indicado pelo cume de uma árvore ou pela imagem de uma montanha). Sobre o mesmo eixo perpendicular encontra-se, na outra extremidade, o mundo dos mortos, simbolizado por certos animais (serpente, crocodilo etc.) ou pelos ideogramas das trevas[15].

O simbolismo cósmico da aldeia é retomado na estrutura do santuário ou da casa cultual. Em Waropen, na Nova Guiné, a "casa dos homens" encontra-se no meio da aldeia: o telhado representa a abóbada celeste, as quatro paredes correspondem às quatro direções do espaço. Em Ceram, a pedra sagrada da aldeia simboliza o Céu, e as quatro colunas de pedra que a sustentam encarnam os quatro pilares que sustentam o Céu[16]. Encontram-se concepções análogas entre as tribos algonquinas e sioux. A cabana sagrada, onde se realizam as iniciações, representa o Universo. O teto da cabana simboliza a cúpula celeste, o soalho representa a Terra, as quatro paredes as quatro direções do espaço cósmico. A construção ritual do espaço é sublinhada por um triplo simbolismo: as quatro portas, as quatro janelas e as quatro cores significam os quatro pontos cardeais. A construção da cabana sagrada repete assim a cosmogonia, pois esta casinha representa o Mundo[17].

Não é surpreendente encontrar uma concepção similar na Itália antiga e entre os antigos germanos. Trata-se, em suma, de uma idéia arcaica e muito difundida: a partir de um Centro projetam-se os quatro horizontes nas quatro direções cardeais. O *mundus* romano era uma fossa circular, dividida em quatro; era ao mesmo tempo a imagem do Cosmos e o modelo exemplar do hábitat humano. Sugeriu-se com razão que a *Roma quadrata* deve ser entendida não como tendo a forma de um quadrado, mas como sendo dividida em quatro[18]. O *mundus* era evidentemente equiparado ao *omphalos*, ao umbigo da Terra: a Cidade (*Urbs*) situava-se no meio do *orbis terrarum*. Demonstra-se, assim, que idéias similares explicam a estrutura das aldeias e das cidades germânicas[19]. Em contextos culturais extremamente variados, reencontramos sempre o mesmo esquema cosmológico e a mesma encenação ritual: a *instalação num território equivale à fundação de um mundo*.

Cidade – cosmos

Visto que "nosso mundo" é um Cosmos, qualquer ataque exterior ameaça transformá-lo em "Caos". E dado que "nosso mundo" foi fundado pela imitação da obra exemplar dos deuses, a cosmogonia, os adversários que o atacam são equiparados aos inimigos dos deuses, aos demônios, e sobretudo ao arquidemônio, o Dragão primordial vencido pelos deuses nos primórdios dos tempos. O ataque de "nosso mundo" equivale a uma desforra do Dragão mítico, que se rebela contra a obra dos deuses, o Cosmos, e se esforça por reduzi-la ao nada. Os inimigos enfileiram-se entre as potências do Caos. Toda destruição de uma cidade equivale a uma regressão ao Caos. Toda vitória contra o atacante reitera a vitória exemplar do Deus contra o Dragão (quer dizer, contra o "Caos").

É por essa razão que o faraó era assimilado ao deus Rá, vencedor do dragão Apophis, ao passo que seus inimigos eram identificados a esse Dragão mítico. Dario considerava-se um novo Thraetaona, herói mítico iraniano de quem se dizia ter matado um Dragão de três cabeças. Na tradição judaica, os reis pagãos eram apresentados sob os traços do Dragão: tal é o Nabucodonosor descrito por Jeremias (51:34) e o Pompeu apresentado nos Salmos de Salomão (IX, 29).

Conforme ainda teremos ocasião de ver, o Dragão é a figura exemplar do Monstro marinho, da Serpente primordial, símbolo das Águas cósmicas, das trevas, da Noite e da Morte – numa palavra, do amorfo e do virtual, de tudo o que ainda não tem uma "forma". O Dragão teve de ser vencido e esquartejado pelo Deus para que o Cosmos pudesse vir à luz. Foi do corpo do monstro marinho Tiamat que Marduk deu forma ao mundo. Jeová criou o Universo depois da vitória contra o monstro primordial Rahab. Mas, como veremos, essa vitória do deus sobre o Dragão deve ser repetida simbolicamente todos os anos, pois todos os anos o mundo deve ser criado de novo. Da mesma maneira, a vitória do deus contra as forças das Trevas, da Morte e do Caos repete-se a cada vitória da cidade contra os invasores.

É muito provável que as defesas dos lugares habitados e das cidades tenham sido, no começo, defesas mágicas; essas defesas – fossas, labirintos, muralhas etc. – eram dispostas a fim de impedir a invasão dos demônios e das almas dos mortos mais do que o ataque dos humanos. No norte da Índia, na época de uma epidemia, descreve-se em volta da aldeia um círculo destinado a interdizer aos demônios da doença a entrada no recinto[20]. No Ocidente, na Idade Média, os muros das cidades eram consagrados ritualmente como uma defesa contra o Demônio, a Doença e a Morte. Aliás, o pensamento simbólico não encontra nenhuma dificuldade em assimilar o inimigo humano ao Demônio e à Morte. Afinal, o resultado dos ataques, sejam demoníacos ou militares, é sempre o mesmo: a ruína, a desintegração, a morte.

Notemos que nos nossos dias ainda são utilizadas as mesmas imagens quando se trata de formular os perigos que ameaçam certo tipo de civilização: fala-se do "caos", de "desordem", das "trevas" onde "nosso mundo" se afundará. Todas essas expressões significam a abolição de uma ordem, de um Cosmos, de uma estrutura orgânica, e a reimersão num estado fluido, amorfo, enfim, caótico. Isto prova, ao que parece, que as imagens exemplares sobrevivem ainda na linguagem e nos estribilhos do homem não-religioso. Algo da concepção religiosa do Mundo prolonga-se ainda no comportamento do homem profano, embora ele nem sempre tenha consciência dessa herança imemorial.

Assumir a criação do mundo

Sublinhemos a diferença radical que se assinala entre os dois comportamentos – tradicional (religioso) e profano – relativamente à morada humana. Seria inútil insistir sobre o valor e a função da habitação nas sociedades industriais; são suficientemente bem conhecidos. Segundo a fórmula de um célebre arquiteto contemporâneo, Le Corbusier, a casa é uma "máquina para habitar". Alinha-se, portanto, entre as inúmeras máquinas fabricadas em série nas sociedades industriais. A casa ideal do mundo moderno deve ser, antes de tudo, funcional, quer dizer, deve permitir aos homens trabalharem e repousarem a fim de assegurarem o trabalho. Pode-se mudar a "máquina de habitar" tão freqüentemente quanto se troca uma bicicleta, uma geladeira ou um carro. Pode-se, igualmente, mudar da cidade ou província natais, sem nenhum outro inconveniente além daquele que decorre da mudança de clima.

Não cabe no nosso tema descrever a história da lenta dessacralização da morada humana. Esse processo faz parte integrante da gigantesca transformação do mundo assumida pelas sociedades industriais – transformação que se tornou possível pela dessacralização do Cosmos, a partir do pensamento científico e, sobretudo, das descobertas sensacionais da física e da química. Mais tarde, teremos ocasião de indagar se essa secularização da Natureza é realmente definitiva, se não há nenhuma possibilidade, para o homem não-religioso, de reencontrar a dimensão sagrada da existência no Mundo. Como acabamos de ver, e como veremos ainda melhor nas páginas seguintes, algumas imagens tradicionais, alguns traços da conduta do homem arcaico persistem ainda no estado de "sobrevivências", mesmo nas sociedades mais industrializadas. Mas o que nos interessa no momento é mostrar, no estado puro, o comportamento religioso em relação à habitação e esclarecer a concepção do mundo que ele implica.

Instalar-se num território, construir uma morada pede, conforme vimos, uma decisão vital, tanto para a comunidade como para o indivíduo. Trata-se de *assumir a criação do "mundo" que se escolheu habitar*. É preciso, pois, imitar a obra dos deuses, a cosmogonia. Mas isso nem sempre é fácil de fazer, pois existem também cosmogonias trágicas, sangrentas: como imitador dos gestos divinos, o homem deve reiterá-las. Se os deuses tiveram de espancar e esquartejar um Monstro marinho ou um Ser primordial para poderem criar a partir dele o mundo, o homem, por sua vez, deve imitar essa ação quando constrói seu mundo próprio, a cidade ou a casa. Daí a necessidade de sacrifícios sangrentos ou simbólicos por ocasião das construções, as inúmeras formas de *Bauopfer**, acerca do qual teremos ocasião de dizer mais tarde algumas palavras.

Seja qual for a estrutura de uma sociedade tradicional – seja uma sociedade de caçadores, pastores, agricultores, ou uma sociedade que já se encontre no estágio da civilização urbana –, a habitação é sempre santificada, pois constitui uma *imago mundi*, e o mundo é uma criação divina. Mas existem várias maneiras de equiparar a morada ao Cosmos, justamente porque existem vários tipos de cosmogonia. Para nosso propósito, basta-nos distinguir dois meios de transformar ritualmente a morada (tanto o território como a casa) em Cosmos, quer dizer, de lhe conferir o valor de *imago mundi*: (*a*) assimilando-a ao Cosmos pela projeção dos quatro horizontes a partir de um ponto central, quando se trate de uma aldeia, ou pela instalação simbólica do *Axis mundi* quando se trate da habitação familiar; (*b*) repetindo, mediante um ritual de construção, o ato exemplar dos deuses, graças ao qual o Mundo tomou nascimento do corpo de um Dragão marinho ou de um Gigante primordial. Não nos incumbe discutir aqui a diferença radical de "Concepção do Mundo" entre esses dois meios de santificar a morada, nem seus pressupostos histórico-culturais. Basta dizer que o

---

* Em alemão no texto original. (N.T.)

primeiro meio – ou seja, a "cosmização" de um espaço pela projeção dos horizontes ou pela instalação do *Axis mundi* – é atestado já nos estágios mais arcaicos de cultura (por exemplo, o poste *kauwa-auwa* dos australianos achilpa), ao passo que o segundo meio parece ter sido inaugurado na cultura das *Urpflanzer**. O que interessa à nossa investigação é o fato de que, em todas as culturas tradicionais, a habitação comporta um aspecto sagrado pelo próprio fato de refletir o Mundo.

Com efeito, a morada das populações primitivas árticas, norte-americanas e norte-asiáticas apresenta um poste central que é assimilado ao *Axis mundi*, quer dizer, ao Pilar cósmico ou à Árvore do Mundo, que, como vimos, ligam a Terra ao Céu. Em outras palavras, *na própria estrutura da habitação revela-se o simbolismo cósmico*. A casa é uma *imago mundi*. O Céu é concebido como uma imensa tenda sustentada por um pilar central: a estaca da tenda ou o poste central da casa são assimilados aos Pilares do Mundo e designados por este nome. Esse poste central tem um papel ritual importante: é na sua base que têm lugar os sacrifícios em honra do Ser supremo celestial. O mesmo simbolismo conservou-se entre os pastores criadores de gado da Ásia central, mas, como a habitação de teto cônico com pilar central foi substituída aqui pela *yourte*, a função mítico-ritual do pilar é atribuída à abertura superior de evacuação da fumaça. Tal como o poste (= *Axis mundi*), a árvore desprovida de ramos cujo cimo sai pela abertura superior da *yourte* (e que simboliza a Árvore cósmica) é concebida como uma escada que conduz ao Céu: os xamãs trepam por ela na

---

* Plantas originárias. Em alemão no texto original. (N.T.)

sua viagem celeste. E é pela abertura superior que saem os xamós[21]. Encontra-se ainda o Pilar sagrado, erguido no meio da habitação, na África, entre os povos hamitas e hamitóides[22].

Concluindo, toda morada situa-se perto do *Axis mundi*, pois o homem religioso só pode viver implantado na realidade absoluta.

Cosmogonia e Bauopfer

Uma concepção similar encontra-se também numa cultura altamente evoluída como a da Índia, mas neste caso apresenta-se igualmente a outra maneira de equiparar a casa ao Cosmos, acerca da qual já dissemos algumas palavras.

Com efeito, antes de os pedreiros colocarem a primeira pedra, o astrólogo indica-lhes o ponto dos alicerces que se situa acima da Serpente que sustenta o mundo. Um mestre-de-obras talha uma estaca e a enterra no solo, exatamente no ponto designado, a fim de fixar bem a cabeça da serpente. Uma pedra de base é colocada em seguida por cima da estaca. *A pedra angular encontra-se assim exatamente no "Centro do Mundo"*[23]. Mas, por outro lado, o ato de fundação repete o ato cosmogônico: enterrar a estaca na cabeça da serpente e "fixá-la" é imitar o gesto primordial de Soma ou de Indra, quando este último, conforme diz o *Rig Veda*, "feriu a serpente no seu antro" (IV, 17, 9) e "cortou-lhe a cabeça" com seus raios (I, 52, 10). Como já dissemos, *a Serpente simboliza o Caos, o amorfo, o não-manifestado. Decapitá-la equivale a um ato de criação, passagem do virtual e do amorfo ao formal.* Lembremo-nos de que foi do corpo de um monstro marinho primordial, Tiamat, que o deus Marduk deu forma ao Universo. Essa vitória era simbolicamente reiterada todos os anos, visto que todos os anos se renovava o Cosmos. Mas o ato exemplar da vitória divina era igualmente repetido por ocasião de qualquer construção; pois toda nova construção reproduzia a Criação do Mundo.

Esse segundo tipo de cosmogonia é muito mais complexo e não faremos aqui mais do que esboçá-lo. Mas é importante mencioná-lo porque, em última instância, é a uma tal cosmogonia que se relacionam as inúmeras formas do *Bauopfer*. Este não é, em suma, mais do que uma imitação, muitas vezes simbólica, do sacrifício primordial que deu nascimento ao Mundo. Com efeito, a partir de um determinado tipo de cultura, o mito cosmogônico explica a Criação pela morte de um Gigante (Ymir na mitologia germânica, Purusha na mitologia indiana, P'an-ku na China): seus órgãos dão nascimento às diferentes regiões cósmicas. Segundo outros grupos de mitos, não é somente o Cosmos que nasce na seqüência da imolação de um Ser primordial e da sua própria substância, mas também as plantas alimentares, as raças humanas ou as diferentes classes sociais. É desse tipo de mitos cosmogônicos que dependem os *Bauopfer*. Sabe-se que, para durar, uma "construção" (casa, templo, obra técnica etc.) deve ser animada, quer dizer, receber uma vida e uma alma. O "traslado" da alma só é possível mediante um sacrifício sangrento. A história das religiões, a etnologia, o folclore apresentam inúmeras formas de *Bauopfer*, isto é, sacrifícios sangrentos ou simbólicos em proveito de uma construção[24]. No sudeste da Europa, esses ritos e crenças deram origem a admiráveis baladas populares, que põem em cena o sacrifício da mulher do mestre-de-obras, para que se possa acabar uma construção (por exemplo, as baladas da ponte de Arta, na Grécia, do mosteiro Argesh, na Romênia, da cidade de Scutari, na Iugoslávia etc.).

Já dissemos bastante acerca do significado religioso da morada humana para que certas conclusões se imponham por si mesmas. Tal como a cidade ou o santuário, a casa é santificada, em parte ou na totalidade, por um simbolismo ou um ritual cosmológicos. É por essa razão que se instalar em qualquer parte, construir uma aldeia ou simplesmente uma casa representa uma decisão grave, pois isso compromete a própria existência do homem: trata-se, em suma, de criar seu próprio "mundo" e assumir a responsabilidade de mantê-lo e renová-lo. Não se muda de ânimo leve de morada, porque não é fácil abandonar seu "mundo". "A habitação não é um objeto, uma máquina para habitar"; *é o Universo que o homem construiu para si imitando a Criação exemplar dos deuses, a cosmogonia*. Toda construção e toda inauguração de uma nova morada equivalem de certo modo *a um novo começo, a uma nova vida*. E todo começo repete o começo primordial, quando o Universo viu pela primeira vez a luz do dia. Mesmo nas sociedades modernas, tão fortemente dessacralizadas, as festas e os regozijos que acompanham a instalação numa nova morada guardam ainda a reminiscência da exuberância festiva que marcava, outrora, o *incipt vit nova*.

Dado que a morada constitui uma *imago mundi*, ela se situa simbolicamente no "Centro do Mundo". A multiplicidade, até mesmo a infinidade dos Centros do Mundo não traz quaisquer dificuldades para o pensamento religioso. Porque não se trata do espaço geométrico, mas de um espaço existencial e sagrado, que apresenta uma estrutura totalmente diferente e que é suscetível de uma infinidade de roturas e, portanto, de comunicações com o transcendente. Vimos o significado cosmológico e o papel ritual da abertura superior nas diferentes formas de habitação. Em outras culturas, esses significados cosmológicos e funções rituais são atribuídos à chaminé (= orifício da fumaça) e à parte do teto que se encontra acima do "ângulo sagrado" e que se retira ou até se quebra, em caso de agonia prolongada. Quando nos ocuparmos da correspondência Cosmos-casa-corpo humano, teremos ocasião de mostrar o profundo significado desta "rotura do telhado". Por ora, lembremos que os santuários mais antigos eram a céu aberto ou apresentavam uma abertura no teto: era o "olho da cúpula", simbolizando a rotura dos níveis, a comunicação com o transcendente.

A arquitetura sacra não faz mais portanto do que retomar e desenvolver o simbolismo cosmológico já presente na estrutura das habitações primitivas. A habitação humana, por sua vez, fora precedida cronologicamente pelo "lugar santo" provisório, pelo espaço provisoriamente consagrado e cosmizado (lembremos os australianos achilpa). Isso é o mesmo que dizer que todos os símbolos e rituais concernentes aos templos, às cidades e às casas *derivam, em última instância, da experiência primária do espaço sagrado.*

Templo, basílica, catedral

Nas grandes civilizações orientais – da Mesopotâmia e do Egito à China e à Índia – o templo recebeu uma nova e importante valorização: não é somente uma *imago mundi*, mas também a reprodução terrestre de um modelo transcendente. O judaísmo herdou essa concepção paleoriental do Templo como a cópia de um arquétipo celeste. É provável que tenhamos nessa idéia uma das últimas interpretações que o homem religioso deu à experiência primária do espaço sagrado em oposição ao espaço profano. Por isso nos é necessário insistir um pouco nas perspectivas abertas por essa nova concepção religiosa.

Lembremos o essencial do problema: se o Templo constitui uma *imago mundi*, é porque o Mundo, como obra dos deuses, é sagrado. Mas a estrutura cosmológica do Templo permite uma nova valorização religiosa: lugar santo por excelência, casa dos deuses, o Templo ressantifica continuamente o Mundo, uma vez que o representa e o contém ao mesmo tempo. Definitivamente, *é graças ao Templo que o Mundo é ressantificado na sua totalidade*. Seja qual for seu grau de impureza, o Mundo é continuamente purificado pela santidade dos santuários.

Uma outra idéia surge com base nessa diferença ontológica que se impõe cada vez mais entre o *Cosmos* e *sua imagem santificada*, que é o Templo. É a idéia de que a santidade do Templo está ao abrigo de toda a corrupção terrestre, e isto pelo fato de que o projeto arquitetônico do Templo é a obra dos deuses e, por conseqüência, encontra-se muito perto dos deuses, no Céu. Os modelos transcendentes dos Templos gozam de uma existência espiritual, incorruptível, celeste. Pela graça dos deuses, o homem acede à visão fulgurante desses modelos e esforça-se em seguida por reproduzi-los na Terra. O rei babilônio Gudéia viu em sonhos a deusa Nidaba, que lhe mostrava um painel sobre o qual se encontravam mencionadas as estrelas benéficas, e um deus revelou-lhe o projeto do templo. Senaqueribe construiu Nínive segundo "o projeto estabelecido desde tempos muito remotos na configuração do Céu"[25]. Isto não só quer dizer que a "geometria celeste" tornou possíveis as primeiras construções, mas, sobretudo, que os modelos arquitetônicos, encontrando-se no Céu, participavam da sacralidade uraniana.

Para o povo de Israel, os modelos do tabernáculo, de todos os utensílios sagrados e do Templo foram criados por Jeová desde a eternidade, e foi Jeová que os revelou aos seus eleitos, para que fossem reproduzidos sobre a Terra. Dirige-se a Moisés nestes termos: "Construireis o tabernáculo com todos os utensílios, exatamente segundo o modelo que te vou mostrar" (*Êxodo*, 25: 8-9). "Vê e fabrica todos esses objetos conforme o modelo que te hei mostrado na montanha" (*ib.*, 25:40). Quando Davi dá a seu filho Salomão o projeto dos edifícios do Templo, do tabernáculo e de todos os utensílios, afiança-lhe que "tudo aquilo... se encontra exposto num escrito da mão do Eterno, que me facultou o entendimento disso" (I, *Crônicas*, XXVIII, 19). Ele viu, pois, o modelo celeste criado por Jeová desde o começo dos tempos. É o que Salomão proclama: "Ordenaste-me que construísse o Templo em teu santíssimo Nome e um altar na cidade onde habitas, segundo o modelo da tenda santa que tu havias preparado desde o princípio" (*Sabedoria*, 9:8).

A Jerusalém celeste foi criada por Deus ao mesmo tempo que o Paraíso, portanto *in aeternum*. A cidade de Jerusalém não era senão a reprodução aproximativa do modelo transcendente: podia ser maculada pelo homem, mas seu modelo era incorruptível, porque não estava implicado no Tempo. "A construção que atualmente se encontra no meio de vós não é aquela que foi revelada por Mim, a que estava pronta desde o tempo em que me decidi a criar o Paraíso, e que mostrei a Adão antes do seu pecado." (*Apocalipse de Baruc*, II, 4, 3-7.)

A basílica cristã, e mais tarde a catedral, retoma e prolonga todos esses simbolismos. Por um lado, a igreja é concebida como imitação da Jerusalém celeste, e isto desde a antiguidade cristã; por outro lado, reproduz igualmente o Paraíso ou o mundo celeste. Mas a estrutura cosmológica do edifício sagrado persiste ainda na consciência da cristandade: é evidente, por exemplo, na igreja bizantina. "As quatro partes do interior da igreja simbolizam as quatro direções do mundo. O interior da igreja é o Universo. O altar é o paraíso, que foi transferido para o oriente. A porta imperial do altar denomina-se também porta do paraíso. Na semana da Páscoa permanece aberta durante todo o serviço divino; o sentido desse costume expressa-se claramente no cânon pascal: 'Cristo ressurgiu do túmulo e abriu-nos as portas do paraíso.' O ocidente, ao contrário, é a região da escuridão, da tristeza, da morte, a região das moradas eternas dos mortos, que aguardam a ressurreição do juízo final. O meio do edifício da igreja representa a Terra. Segundo a representação de Kosmas indikopleustes, a Terra é quadrada e limitada por quatro paredes, rematadas por uma cúpula. As quatro partes do interior da igreja simbolizam as quatro direções do mundo."[26] Como Imagem do Mundo, a igreja bizantina encarna e santifica o Mundo.

Algumas conclusões

Dentre os milhares de exemplos que estão à disposição do historiador das religiões, citamos um número bastante reduzido, mas suficiente para mostrar as variedades da experiência religiosa do espaço. Escolhemos esses exemplos em culturas e épocas diferentes, para apresentarmos ao menos as expressões mitológicas mais importantes e as encenações rituais relacionadas com a experiência do espaço sagrado. Porque, no curso da história, o homem religioso valorizou diferentemente essa experiência fundamental. Bastava-nos comparar a concepção do espaço sagrado – e portanto do Cosmos – entre os australianos achilpa com as concepções similares dos Kwakiutl, dos altaicos ou dos mesopotâmios, para nos darmos conta das diferenças. Inútil insistir neste truísmo: a vida religiosa da humanidade, realizando-se na história, suas expressões são fatalmente condicionadas pelos múltiplos momentos históricos e estilos culturais. Para o assunto de que nos ocupamos, entretanto, não é a variedade infinita das experiências religiosas do espaço que interessa, mas, ao contrário, seus elementos de unidade. Basta-nos confrontar o comportamento de um homem não-religioso, em relação ao espaço em que vive, com o comportamento do homem religioso para com o espaço sagrado para percebermos imediatamente a diferença de estrutura que os separa.

Se precisássemos resumir o resultado das descrições que acabamos de ler, diríamos que a experiência do sagrado torna possível a "fundação do Mundo": lá onde o sagrado se manifesta no espaço, *o real se revela*, o Mundo vem à existência. Mas a irrupção do sagrado não somente projeta um ponto fixo no meio da fluidez amorfa do espaço profano, um "Centro", no "Caos"; produz também uma rotura de nível, quer dizer, abre a comunicação entre os níveis cósmicos (entre a Terra e o Céu) e possibilita a passagem, de ordem ontológica, de um modo de ser a outro. É uma tal rotura na heterogeneidade do espaço profano que cria o "Centro" por onde se pode comunicar com o transcendente, que, por conseguinte, funda o "Mundo", pois o Centro torna possível a *orientatio*. A manifestação do sagrado no espaço tem, como conseqüência, uma valência cosmológica: toda hierofania espacial ou toda consagração de um espaço equivalem a uma cosmogonia. Uma primeira conclusão seria a seguinte: *o Mundo deixa-se perceber como Mundo, como cosmos, à medida que se revela como mundo sagrado*.

Todo o mundo é obra dos deuses, porque foi criado diretamente pelos deuses e consagrado – portanto "cosmizado" – pelos homens, ao reatualizarem ritualmente o ato exemplar da Criação. Isto é o mesmo que dizer que o homem religioso só pode viver num mundo sagrado porque somente um tal mundo participa do ser, *existe realmente*. Essa necessidade religiosa exprime uma inextinguível sede ontológica. O homem religioso é sedento do *ser*. O terror diante do "Caos" que envolve seu mundo habitado corresponde ao seu terror diante do nada. O espaço desconhecido que se estende para além do seu "mundo", espaço não-cosmizado porque não-consagrado, simples extensão amorfa onde nenhuma *orientatio* foi ainda projetada e, portanto, nenhuma estrutura se esclareceu ainda – este espaço profano representa para o homem religioso o não-ser absoluto. Se, por desventura, o homem se perde no interior dele, sente-se esvaziado de sua substância "ôntica", como se se dissolvesse no Caos, e acaba por extinguir-se.

Essa sede ontológica manifesta-se de múltiplas maneiras. A mais evidente, no caso específico do espaço sagrado, é a vontade do homem religioso de situar-se no próprio coração do real, no Centro do Mundo: quer dizer, lá onde o Cosmos veio à existência e começou a estender-se para os quatro horizontes, lá onde também existe a possibilidade de comunicação com os deuses; numa palavra, lá onde se está *mais próximo dos deuses*. Vimos que o simbolismo do Centro do Mundo informa não somente os países, as cidades, os templos e os palácios, mas também a mais modesta habitação humana, seja a tenda do caçador nômade, o *yourte* dos pastores, a casa dos agricultores sedentários. Em resumo, cada homem religioso situa-se ao mesmo tempo no Centro do Mundo e na origem mesma da realidade absoluta, muito perto da "abertura" que lhe assegura a comunicação com os deuses.

Mas visto que se instalar em qualquer parte, habitar um espaço, equivale a reiterar a cosmogonia, e portanto a imitar a obra dos deuses, para o homem religioso toda decisão existencial de se "situar" no espaço constitui, de fato, uma decisão religiosa. Assumindo a responsabilidade de "criar" o mundo que decidiu habitar, não somente cosmiza o Caos, mas também santifica seu pequeno Cosmos, tornando-o semelhante ao mundo dos deuses. A profunda nostalgia do homem religioso é habitar um "mundo divino", ter uma casa semelhante à "casa dos deuses", tal qual foi representada mais tarde nos templos e santuários. Em suma, essa nostalgia religiosa exprime o *desejo de viver num Cosmos puro e santo, tal como era no começo, quando saiu das mãos do Criador.*

É a experiência do Tempo sagrado que permitirá ao homem religioso encontrar periodicamente o Cosmos tal como era *in principio*, no instante mítico da Criação.

CAPÍTULO II

O TEMPO SAGRADO E OS MITOS

Duração profana e tempo sagrado

Tal como o espaço, o Tempo também não é, para o homem religioso, nem homogêneo nem contínuo. Há, por um lado, os intervalos de Tempo sagrado, o tempo das festas (na sua grande maioria, festas periódicas); por outro lado, há o Tempo profano, a duração temporal ordinária na qual se inscrevem os atos privados de significado religioso. Entre essas duas espécies de Tempo, existe, é claro, uma solução de continuidade, mas por meio dos ritos o homem religioso pode "passar", sem perigo, da duração temporal ordinária para o Tempo sagrado.

Surpreende-nos em primeiro lugar uma diferença essencial entre essas duas qualidades de Tempo: *o tempo sagrado é por sua própria natureza reversível*, no sentido em que é, propriamente falando, um *Tempo mítico primordial tornado presente*. Toda festa religiosa, todo Tempo litúrgico, representa a reatualização de um evento sagrado que teve lugar num passado mítico, "nos primórdios".

Participar religiosamente de uma festa implica a saída da duração temporal "ordinária" e a reintegração no Tempo mítico reatualizado pela própria festa. Por conseqüência, o Tempo sagrado é indefinidamente recuperável, indefinidamente repetível. De certo ponto de vista, poder-se-ia dizer que o Tempo sagrado não "flui", que não constitui uma "duração" irreversível. É um tempo ontológico por excelência, "parmenidiano": mantém-se sempre igual a si mesmo, não muda nem se esgota. A cada festa periódica reencontra-se o mesmo Tempo sagrado – aquele que se manifestara na festa do ano precedente ou na festa de há um século: é o Tempo criado e santificado pelos deuses por ocasião de suas *gesta*, que são justamente reatualizadas pela festa. Em outras palavras, reencontra-se na festa a *primeira aparição do Tempo sagrado*, tal qual ela se efetuou *ab origine, in illo tempore*. Pois esse Tempo sagrado no qual se desenrola a festa não existia antes das *gesta* divinas comemoradas pela festa. Ao criarem as diferentes realidades que constituem hoje o Mundo, os Deuses *fundaram igualmente o Tempo sagrado*, visto que o Tempo contemporâneo de uma criação era necessariamente santificado pela presença e atividades divinas.

O homem religioso vive assim em duas espécies de Tempo, das quais a mais importante, o Tempo sagrado, se apresenta sob o aspecto paradoxal de um Tempo circular, reversível e recuperável, espécie de eterno presente mítico que o homem reintegra periodicamente pela linguagem dos ritos. Esse comportamento em relação ao Tempo basta para distinguir o homem religioso do homem não-religioso. O primeiro recusa-se a viver unicamente no que, em termos modernos, chamamos de "presente histórico"; esforça-se por voltar a unir-se a um Tempo sagrado que, de certo ponto de vista, pode ser equiparado à "Eternidade".

É difícil precisar, em poucas palavras, o que representa o Tempo para o homem não-religioso das sociedades modernas. Não é nosso propósito falar das filosofias modernas do Tempo, nem dos conceitos que a ciência contemporânea utiliza para suas investigações. Nosso objetivo não é comparar sistemas ou filosofias, mas sim comportamentos existenciais. Ora, o que se pode constatar relativamente a um homem não-religioso é que também ele conhece uma certa descontinuidade e heterogeneidade do Tempo. Também para ele existe o tempo predominantemente monótono do trabalho e o tempo do lazer e dos espetáculos, numa palavra o "tempo festivo". Também ele vive em ritmos temporais variados e conhece tempos diferentemente intensos: quando escuta sua música preferida ou, apaixonado, espera ou encontra a pessoa amada, ele experimenta, evidentemente, um ritmo temporal diferente de quando trabalha ou se entedia.

Mas, em relação ao homem religioso, existe uma diferença essencial: este último conhece intervalos que são "sagrados", que não participam da duração temporal que os precede e os sucede, que têm uma estrutura totalmente diferente e uma outra "origem", pois se trata de um tempo primordial, santificado pelos deuses e suscetível de tornar-se presente pela festa. Para um homem não-religioso essa qualidade trans-humana do tempo litúrgico é inacessível. Para o homem não-religioso o Tempo não pode apresentar nem rotura, nem "mistério": constitui a mais profunda dimensão existencial do homem, está ligado à sua própria existência, portanto tem um começo e um fim, que é a morte, o aniquilamento da existência. Seja qual for a multiplicidade dos ritmos temporais que experimenta e suas diferentes intensidades, o homem não-religioso sabe que se trata sempre de uma experiência humana, onde nenhuma presença divina se pode inserir.

Para o homem religioso, ao contrário, a duração temporal profana pode ser "parada" periodicamente pela inserção, por meio dos ritos, de um Tempo sagrado, não-histórico (no sentido de que não pertence ao presente histórico). Tal como uma igreja constitui uma rotura de nível no espaço profano de uma cidade moderna, o serviço religioso que se realiza no seu interior marca uma rotura na duração temporal profana: já não é o Tempo histórico atual que é presente – o tempo que é vivido, por exemplo, nas ruas vizinhas –, mas o Tempo em que se desenrolou a existência histórica de Jesus Cristo, o tempo santificado por sua pregação, por sua paixão, por sua morte e ressurreição. É preciso, contudo, esclarecer que este exemplo não explicita toda a diferença existente entre o Tempo profano e o Tempo sagrado, pois, em relação às outras religiões, o cristianismo inovou a experiência e o conceito do Tempo litúrgico ao afirmar a historicidade da pessoa do Cristo. A liturgia cristã desenvolve-se num *tempo histórico santificado pela encarnação do Filho de Deus*. O Tempo sagrado, periodicamente reatualizado nas religiões pré-cristãs (sobretudo nas religiões arcaicas), é um *Tempo mítico*, quer dizer, um Tempo primordial, não identificável no passado histórico, um *Tempo original*, no sentido de que brotou "de repente", de que não foi precedido por um outro Tempo, pois nenhum Tempo podia existir *antes da aparição da realidade narrada pelo mito*.

É sobretudo essa concepção arcaica do Tempo mítico que nos interessa. Em seguida veremos as diferenças relativamente ao judaísmo e ao cristianismo.

Templum-tempus

Comecemos nossa investigação pela apresentação de alguns fatos que têm a vantagem de nos revelar, logo de início, o comportamento do homem religioso em relação ao Tempo. Cabe aqui uma observação preliminar importante: em várias línguas das populações aborígines da América do Norte, o termo "Mundo" (= Cosmos) é igualmente utilizado no sentido de "Ano". Os yokut dizem "o mundo passou", para exprimir que "um ano se passou". Para os yuki, o "Ano" é designado pelos vocábulos "Terra" ou "Mundo". Como os yokut, eles dizem "a terra passou", no sentido de que se passou um ano. O vocabulário revela a correspondência religiosa entre o Mundo e o Tempo cósmico. O Cosmos é concebido como uma unidade viva que nasce, se desenvolve e se extingue no último dia do Ano, para renascer no dia do Ano-Novo. Veremos que esse renascimento é um nascimento, que o Cosmos renasce todos os anos porque, a cada Ano-Novo, o Tempo começa *ab initio*.

A correspondência cósmico-temporal é de natureza religiosa: o Cosmos é identificável ao Tempo cósmico (o "Ano"), pois tanto um como o outro são realidades sagradas, criações divinas. Entre certas populações norte-americanas, essa correspondência cósmico-temporal é revelada pela própria estrutura dos edifícios sagrados. Visto que o Templo representa a imagem do Mundo, comporta igualmente um simbolismo temporal. É o que encontramos, por exemplo, entre os algonkins e os sioux: sua cabana sagrada representa o Universo e simboliza também o ano. Porque o ano é concebido como um trajeto através das quatro direções cardeais, significadas pelas quatro janelas e pelas quatro portas da cabana sagrada. Os dakota dizem: "O Ano é um círculo em volta do Mundo", quer dizer, em volta da sua cabana sagrada, que é uma *imago mundi*[1].

Encontra-se na Índia um exemplo ainda mais claro. Vimos que a elevação de um altar equivale à repetição da cosmogonia. Ora, os textos acrescentam que o "altar do fogo é o Ano" e explicam deste modo seu simbolismo temporal: os trezentos e sessenta tijolos de acabamento correspondem às trezentas e sessenta noites do ano, e os trezentos e sessenta tijolos *yajusmâti* aos trezentos e sessenta dias (*Shatapatha Brâhmana*, X, 5, 4, 10 etc.). Em outras palavras, a cada construção de um altar do fogo, não somente se refaz o Mundo, mas também se "constrói o Ano": *regenera-se o Tempo criando-o de novo*. Por outro lado, o ano é equiparado a Prajâpati, o deus cósmico; portanto, a cada novo altar reanima-se Prajâpati, quer dizer, reforça-se a santidade do Mundo. Não se trata do Tempo profano, da simples duração temporal, mas da santificação do Tempo cósmico. Com a elevação de um altar do fogo, o Mundo é santificado, ou seja, inserido num tempo sagrado.

Reencontramos um simbolismo temporal análogo integrado no simbolismo cosmológico do templo de Jerusalém. Segundo Flávio José (*Ant. Jud*. III, 7, 7), os doze pães que se encontravam sobre a mesa significavam os doze meses do Ano e o candelabro de setenta braços representava os decanos (quer dizer, a divisão zodiacal dos sete planetas em dezenas). O Templo era uma *imago mundi*: situando-se no "Centro do Mundo", em Jerusalém, santificava não somente o Cosmos como um todo, mas também a "vida" cósmica, ou seja, o Tempo.

Cabe a Hermann Usener o mérito de ter sido o primeiro a explicar o parentesco etimológico entre *templum* e *tempus*, ao interpretar os dois termos pela noção de intersecção ("Schneidung, Kreuzung")[2]. Investigações ulteriores afirmaram ainda mais esta descoberta: "*Templum* exprime o espacial, *tempus* o temporal. O conjunto desses dois elementos constitui uma imagem circular espaço-temporal"[3].

A significação profunda de todos esses fatos parece ser a seguinte: para o homem religioso das culturas arcaicas, *o Mundo renova-se anualmente, isto é, reencontra a cada novo ano a santidade original*, tal como quando saiu das mãos do Criador. Este simbolismo está claramente indicado na estrutura arquitetônica dos santuários. Visto que o Templo é, ao mesmo tempo, o lugar santo por excelência e a imagem do Mundo, ele santifica o Cosmos como um todo e também a vida cósmica. Ora, a vida cósmica era imaginada sob a forma de uma trajetória circular e identificava-se com o Ano. O Ano era um círculo fechado, tinha um começo e um fim, mas possuía também a particularidade de poder "renascer" sob a forma de um Ano Novo. A cada Ano Novo, um Tempo "novo", "puro" e "santo" – porque ainda não usado – vinha à existência.

Mas o Tempo renascia, recomeçava, porque, a cada Novo Ano, o Mundo era criado novamente. Verificamos, no capítulo precedente, a importância do mito cosmogônico como modelo exemplar para toda espécie de criação e construção. Acrescentemos agora que a cosmogonia comporta igualmente a criação do Tempo. Mais ainda: assim como a cosmogonia é o arquétipo de toda "criação", o Tempo cósmico que a cosmogonia faz brotar é o modelo exemplar de todos os outros tempos, quer dizer, dos Tempos específicos às diversas categorias de existentes. Expliquemo-nos: para o homem religioso das culturas arcaicas, toda criação, toda existência começa no Tempo: *antes que uma coisa exista, seu tempo próprio não pode existir*. Antes que o Cosmos viesse à existência, não havia tempo cósmico. Antes de uma determinada espécie vegetal ter sido criada, o tempo que a faz crescer agora, dar fruto e perecer, não existia. É por esta razão que toda criação é imaginada como tendo ocorrido *no começo do Tempo, in principio*. O Tempo brota com a primeira aparição de uma nova categoria de existentes. Eis por que o mito desempenha um papel tão importante: conforme veremos mais tarde, é o mito que revela como uma realidade veio à existência.

Repetição anual da cosmogonia

É o mito cosmogônico que relata o surgimento do Cosmos. Na Babilônia, no decurso da cerimônia *akîtu*, que se desenrolava nos últimos dias do ano e nos primeiros dias do Ano Novo, recitava-se solenemente o "Poema da Criação", o *Enuma elish*. Pela recitação ritual, reatualizava-se o combate entre Marduk e o monstro marinho Tiamat, que tivera lugar *ab origine* e que pusera fim ao Caos pela vitória final do deus. Marduk criara o Cosmos com o corpo retalhado de Tiamat e criara o homem com o sangue do demônio Kingu, principal aliado de Tiamat. A prova de que essa comemoração da criação era efetivamente uma *reatualização* do ato cosmogônico encontra-se tanto nos rituais como nas fórmulas pronunciadas no decurso da cerimônia.

Com efeito, o combate entre Tiamat e Marduk era imitado por uma luta entre os dois grupos de figurantes, cerimonial que se repete entre os hititas, enquadrado sempre no cenário dramático do Ano Novo, entre os egípcios e em Ras Shamra. A luta entre os dois grupos de figurantes repetia *a passagem do Caos ao Cosmos*, atualizava a cosmogonia. O acontecimento mítico torna a ser *presente*. "Que ele possa continuar a vencer Tiamat e abreviar seus dias!", exclamava o oficiante. O combate, a vitória e a Criação tinham lugar *naquele mesmo instante, hic et nunc*.

Visto que o Ano Novo é uma reatualização da cosmogonia, implica uma *retomada do Tempo em seus pri-*

mórdios, quer dizer, a restauração do Tempo primordial, do Tempo "puro", aquele que existia no momento da Criação. É por essa razão que, por ocasião do Ano Novo, se procede a "purificações" e à expulsão dos pecados, dos demônios ou simplesmente de um bode expiatório. Pois não se trata apenas da cessação efetiva de um certo intervalo temporal e do início de um outro intervalo (como imagina, por exemplo, um homem moderno), mas também da abolição do ano passado e do tempo decorrido. Este é, aliás, o sentido das purificações rituais: uma *combustão*, uma anulação dos pecados e das faltas do indivíduo e da comunidade como um todo, e não uma simples "purificação".

O Naurôz – o Ano Novo persa – comemora o dia em que teve lugar a Criação do Mundo e do homem. Era no dia do Naurôz que se efetuava a "renovação da Criação", conforme se exprimia o historiador árabe Albîruni. O rei proclamava: "Eis um novo dia de um novo mês e de um novo ano: é preciso renovar o que o tempo gastou." O tempo gastara o ser humano, a sociedade, o Cosmos, e esse tempo destruidor era o Tempo profano, a duração propriamente dita: era preciso aboli-la para restabelecer o momento mítico em que o mundo viera à existência, banhado num tempo "puro", "forte" e sagrado. A abolição do Tempo profano decorrido realizava-se por meio de rituais que significavam uma espécie de "fim do mundo". A extinção dos fogos, o regresso das almas dos mortos, a confusão social do tipo das Saturnais, a licença erótica, as orgias etc. simbolizavam a regressão do Cosmos ao Caos. No último dia do ano, o Universo dissolvia-se nas Águas primordiais. O monstro marinho Tiamat, símbolo das trevas, do amorfo, do não-manifestado, ressuscitava e voltava a ser ameaçador. O Mundo que tinha existido durante um ano inteiro desaparecia *realmente*. Visto que Tiamat estava lá de novo, o Cosmos estava anulado, e Marduk era forçado a criá-lo mais uma vez, vencendo de novo Tiamat[4].

O significado dessa regressão periódica do mundo a uma modalidade caótica era o seguinte: todos os "pecados" do ano, tudo o que o Tempo havia manchado e consumido era aniquilado, no sentido físico do termo. Participando simbolicamente do aniquilamento e da recriação do Mundo, o próprio homem era criado de novo; renascia, porque começava uma nova existência. A cada Ano Novo, o homem sentia-se mais livre e mais puro, pois se libertara do fardo de suas faltas e seus pecados. Restabelecera o Tempo fabuloso da Criação, portanto um Tempo sagrado e "forte": sagrado porque transfigurado pela presença dos deuses; "forte" porque era o Tempo próprio e exclusivo da criação mais gigantesca que já se realizara: a do Universo. Simbolicamente, o homem voltava a ser contemporâneo da cosmogonia, assistia à criação do Mundo. No Oriente Próximo antigo o homem até participava ativamente dessa criação (lembremos os dois grupos antagonistas que figuravam o Deus e o Monstro marinho).

É fácil compreender por que a recordação desse Tempo prodigioso obcecava o homem, por que, de tempos em tempos, ele se esforçava por voltar a unir-se a ele: *in illo tempore*, os deuses tinham manifestado seus poderes máximos. *A cosmogonia é a suprema manifestação divina*, o gesto exemplar de força, superabundância e criatividade. O homem religioso é sedento de real. Esforça-se, por todos os meios, para instalar-se na própria fonte da realidade primordial, quando o mundo estava *in statu nascendi*.

Regeneração pelo regresso ao tempo original

Tudo isto merece múltiplos desenvolvimentos, mas por ora dois elementos devem reter nossa atenção: (1)

pela repetição anual da cosmogonia, o Tempo era regenerado, ou seja, recomeçava como Tempo sagrado, pois coincidia com o *illud tempus* em que o Mundo viera pela primeira vez à existência; (2) participando ritualmente do "fim do Mundo" e de sua "recriação", o homem tornava-se contemporâneo do *illud tempus*; portanto, nascia de novo, recomeçava sua existência com a reserva de forças vitais *intacta*, tal como no momento de seu nascimento.

Esses fatos são importantes, pois desvendam-nos o segredo do comportamento do homem religioso em relação ao Tempo. Visto que o Tempo sagrado e forte é o *Tempo da origem*, o instante prodigioso em que uma realidade foi criada, em que ela se manifestou, pela primeira vez, plenamente, o homem esforçar-se-á por voltar a unir-se periodicamente a esse Tempo original. Essa reatualização ritual do *illud tempus* da primeira epifania de uma realidade está na base de todos os calendários sagrados: a festa não é a comemoração de um acontecimento mítico (e portanto religioso), mas sim sua *reatualização*.

O Tempo de origem por excelência é o Tempo da cosmogonia, o instante em que apareceu a mais vasta realidade, o Mundo. É por essa razão que a cosmogonia serve de modelo exemplar a toda "criação", a toda espécie de "fazer". É pela mesma razão que o *Tempo cosmogônico* serve de modelo a todos os *Tempos sagrados*: porque, se o Tempo sagrado é aquele em que os deuses se manifestaram e criaram, é evidente que a mais completa manifestação divina e a mais gigantesca criação é a Criação do Mundo.

Conseqüentemente, o homem religioso reatualiza a cosmogonia não apenas quando "cria" qualquer coisa (seu "mundo pessoal" – o território habitado – ou uma cidade, uma casa etc.), mas também quando quer assegurar um reinado feliz a um novo soberano, ou quando necessita salvar as colheitas comprometidas, ou quando se trata de uma guerra, de uma expedição marítima etc. Acima de tudo, porém, a recitação ritual do mito cosmogônico desempenha um papel importante nas curas, quando se busca a *regeneração* do ser humano. Em Fidji, o cerimonial da posse de um novo soberano chamava-se "Criação do Mundo", e o mesmo cerimonial se repete com a finalidade de salvar colheitas em perigo. Mas é na Polinésia talvez que se encontra a mais ampla aplicação ritual do mito cosmogônico. As palavras que Io pronunciou *in illo tempore* para criar o Mundo tornaram-se fórmulas rituais. Os homens repetem-nas em múltiplas ocasiões: para fecundar uma matriz estéril, para curar (tanto as doenças do corpo como as do espírito), a fim de se prepararem para a guerra, e também na ocasião da morte ou para incitar a inspiração poética[5].

O mito cosmogônico serve aos polinésios de modelo arquetípico para todas as "criações", seja qual for o plano em que elas se desenrolem: biológico, psicológico, espiritual. Mas, visto que a recitação ritual do mito cosmogônico implica a reatualização do acontecimento primordial, segue-se daí que aquele para quem se recita o mito é projetado magicamente *in illo tempore*, ao "começo do Mundo", tornando-se contemporâneo da cosmogonia. Trata-se, em suma, de um *regresso ao Tempo de origem*, cujo fim terapêutico é começar outra vez a existência, nascer (simbolicamente) de novo. A concepção subjacente a esses rituais de cura parece ser a seguinte: *a Vida não pode ser reparada, mas somente recriada pela repetição simbólica da cosmogonia*, pois, como já dissemos, a cosmogonia é o modelo exemplar de toda criação.

Compreende-se melhor a função regeneradora do *regresso ao Tempo da origem* quando se examina mais de perto uma terapia arcaica, como as do Na-khi, população tibetano-birmanesa que vive no sudeste da China (província de Yün-nau). O ritual de cura consiste na recitação solene do mito da Criação do Mundo, seguida dos mitos da origem das doenças (provocadas pela cólera das Serpentes) e da aparição do primeiro xamã-curandeiro que trouxe aos homens os medicamentos necessários. Quase todos os rituais evocam *o começo*, o *illud tempus* míticos, quando o mundo ainda não existia: "No princípio, no tempo em que o céu, o sol, a lua, as estrelas, os planetas e a terra ainda não estavam lá, quando ainda não tinham surgido" etc. Segue-se a cosmogonia e a aparição das serpentes: "No tempo em que o céu apareceu, em que o sol, a lua etc. apareceram, em que a terra se expandiu, em que os montes, os vales, as árvores e as rochas apareceram... então surgiram os Nâga e dragões" etc. Conta-se em seguida o nascimento do primeiro curandeiro e a aparição dos medicamentos. E acrescenta-se: "Deve-se narrar a origem dos medicamentos, pois do contrário não se pode falar sobre eles."[6]

É importante enfatizar que, nesses encantamentos mágicos de cura, os *mitos acerca da origem dos medicamentos* estão sempre inter-relacionados com o *mito cosmogônico*. Sabe-se que nas práticas de cura dos povos primitivos, como aqueles que se baseiam na tradição, o medicamento só alcança eficácia quando se invoca ritualmente, diante do doente, a origem dele. Um grande número de preceitos mágicos do Oriente Próximo e da Europa inclui a história da doença ou do demônio que a causou e esconjura o momento mítico, no qual se exige a uma divindade ou santo que vença o mal. Parece assim que o mito da origem é uma cópia do mito cosmogônico, pois este serve de exemplo para todas as origens. Por isso, surge também, muitas vezes, nos exorcismos terapêuticos, o mito cosmogônico do mito da origem, e até se confunde com ele. Recorda, por exemplo, um exorcismo assírio contra a dor de dente: "Depois de o deus Anu ter feito os céus, os céus fizeram a terra, a terra os rios, os rios os canais, os canais as lagoas, e as lagoas o verme." O verme dirige-se em "lágrimas" às divindades Shamash e Ea, pedindo-lhes alguma coisa de comer para "destruir". Os deuses oferecem-lhes frutos, mas o verme exige deles dentes humanos. "Porque falaste assim, ó verme, que Ea te parta com sua mão poderosa!"[7] Temos, pois, de lidar aqui com a criação do mundo, o nascimento do verme e da doença e a cura primordial exemplar (o aniquilamento do verme por Ea). A eficácia do exorcismo reside em que ele, executado ritualmente, atualiza o Tempo mítico da "origem", tanto da origem do mundo como da origem da dor de dente e sua cura.

O tempo festivo e a estrutura das festas

O *Tempo de origem* de uma realidade, quer dizer, o Tempo fundado pela primeira aparição desta realidade, tem um valor e uma função exemplares; é por essa razão que o homem se esforça por reatualizá-lo periodicamente mediante rituais apropriados. Mas a "primeira manifestação" de uma realidade equivale à sua "criação" pelos Seres divinos ou semidivinos: reencontrar o *Tempo de origem* implica, portanto, a repetição ritual do ato criador dos deuses. A reatualização periódica dos atos criadores efetuados pelos seres divinos *in illo tempore* constitui o calendário sagrado, o conjunto das festas. Uma festa desenrola-se sempre no Tempo original. É justamente a reintegração desse Tempo original e sagrado que diferencia o comportamento humano *durante* a festa daquele de *antes* ou *depois*. Em muitos casos, realizam-se durante a festa os mesmos atos dos intervalos não-festivos, mas o homem religioso crê que vive então num *outro* tempo, que conseguiu reencontrar o *illud tempus* mítico.

Durante a cerimônia totêmica anual (*intichiuma*), os australianos arunta retomam o itinerário seguido pelo Antepassado divino do clã nos Tempos míticos (*altcheringa*, literalmente "Tempo do sonho"). Param em todos os inúmeros lugares onde parou o Antepassado e repetem os mesmos gestos que ele fez *in illo tempore*. Jejuam durante toda a cerimônia, não portam armas e abstêm-se de todo contato com suas mulheres ou com os membros dos outros clãs. Estão completamente mergulhados no "Tempo do sonho"[8].

As festas celebradas anualmente na ilha polinésia de Tikopia reproduzem as "obras dos deuses", quer dizer, os atos pelos quais, nos Tempos míticos, os deuses fizeram o Mundo tal qual é hoje[9]. O Tempo festivo no qual se vive durante as cerimônias é caracterizado por certas proibições (*tabu*): nada de ruído, de jogos, de danças. A passagem do Tempo profano ao Tempo sagrado é indicada pelo corte ritual de um pedaço de madeira em dois. As múltiplas cerimônias que constituem as festas periódicas e que, repetimos, não são mais do que a reiteração dos gestos exemplares dos deuses, não se distinguem, *aparentemente*, das atividades normais: trata-se, em suma, de reparos rituais das barcas, de ritos relativos ao cultivo de plantas alimentares (yam, taro etc.), da restauração de santuários. Na realidade, porém, todas essas atividades cerimoniais se diferenciam dos trabalhos similares executados no tempo comum pelo fato de só incidirem sobre *alguns objetos* – que constituem, de certo modo, os arquétipos de suas respectivas classes – e também porque as cerimônias são realizadas numa atmosfera impregnada de sagrado. Com efeito, os indígenas têm consciência de que reproduzem, nos mais ínfimos pormenores, os atos exemplares dos deuses, tais como foram executados *in illo tempore*.

Assim, periodicamente, o homem religioso torna-se contemporâneo dos deuses, na medida em que reatualiza o Tempo primordial no qual se realizaram as obras divinas. Ao nível das civilizações primitivas, tudo o que o homem faz tem um modelo trans-humano; portanto, mesmo fora do tempo festivo, seus gestos imitam os modelos exemplares fixados pelos deuses e pelos Antepassados míticos. Mas essa imitação corre o risco de tornar-se cada vez menos correta. O modelo corre o risco de ser desfigurado ou até esquecido. São as reatualizações periódicas dos gestos divinos, numa palavra, as festas religiosas que voltam a ensinar aos homens a sacralidade dos modelos. O conserto ritual das barcas ou a cultura ritual do yam já não se assemelham às operações similares efetuadas fora dos intervalos sagrados. Por um lado são mais exatas, mais próximas dos modelos divinos, e por outro lado são *rituais*, quer dizer, sua intencionalidade é religiosa. Conserta-se cerimonialmente uma barca não porque ela necessite de conserto, mas porque, *in illo tempore*, os deuses mostravam aos homens como se deve reparar as barcas. Já não se trata de uma operação empírica, mas de um ato religioso, de uma *imitatio dei*. O objeto da reparação já não é um dos múltiplos objetos que constituem a classe das "barcas", mas sim um arquétipo mítico: *a própria barca que os deuses manipularam in illo tempore*. Por conseqüência, o Tempo em que se efetua a reparação ritual das barcas reúne-se ao Tempo primordial: é o próprio Tempo em que os deuses operavam.

Evidentemente, não podemos reduzir todos os tipos de festas periódicas ao exemplo que acabamos de examinar. Mas não é a morfologia da festa que nos interessa, e sim a estrutura do Tempo sagrado atualizado nas festas. Ora, a respeito do tempo sagrado pode-se dizer que é sempre o mesmo, que é uma "sucessão de eternidades" (Hubert e Mauss). Seja qual for a complexidade de uma festa religiosa, trata-se sempre de um acontecimento sagrado que teve lugar *ab origine* e que é, ritualmente, tornado presente. Os participantes da festa tornam-se os contemporâneos do acontecimento mítico. Em outras palavras, "saem" de seu tempo histórico – quer dizer, do Tempo constituído pela soma dos eventos profanos, pessoais e intrapessoais – e reúnem-se ao Tempo primordial, que é sempre o mesmo, que pertence à Eternidade. O homem religioso desemboca periodicamente no Tempo mítico e sagrado e reencontra o *Tempo de origem*, aquele que "não decorre" – pois não participa da duração temporal profana e é constituído por um *eterno presente* indefinidamente recuperável.

O homem religioso sente necessidade de mergulhar por vezes nesse Tempo sagrado e indestrutível. Para ele, é o Tempo sagrado que torna possível o tempo ordinário, a duração profana em que se desenrola toda a existência humana. É o *eterno* presente do acontecimento mítico que torna possível a duração profana dos eventos históricos. Para dar um só exemplo: é a hierogamia divina, que teve lugar *in illo tempore*, que tornou possível a união sexual humana. A união entre o deus e a deusa passa-se num instante atemporal, num eterno presente: as uniões sexuais entre os humanos – quando não rituais – desenrolam-se na duração, no tempo profano. O Tempo sagrado, mítico, funda igualmente o Tempo existencial, histórico, pois é o seu modelo exemplar. Em suma, graças aos seres divinos ou semidivinos é que tudo veio à existência. A "origem" das realidades e da própria Vida é religiosa. Pode-se cultivar e consumir ordinariamente o yam porque, periodicamente, se cultiva e consome o yam de uma maneira ritual. E esses rituais podem efetuar-se porque os deuses os revelaram *in illo tempore*, criando o homem e o yam e mostrando aos homens como se deve cultivar e consumir essa planta alimentar.

Na festa reencontra-se plenamente a dimensão sagrada da Vida, experimenta-se a santidade da existência humana como criação divina. No resto do tempo, há sempre o risco de esquecer o que é fundamental: que a existência não é "dada" por aquilo que os modernos chamam de "Natureza", mas é uma criação dos *Outros*, os deuses ou os Seres semidivinos. Nas festas, ao contrário, reencontra-se a dimensão sagrada da existência, ao se aprender novamente como os deuses ou os Antepassados míticos criaram o homem e lhe ensinaram os diversos comportamentos sociais e os trabalhos práticos.

De certo ponto de vista, essa "saída" periódica do Tempo histórico – e sobretudo as conseqüências que ela acarreta para a existência global do homem religioso – pode parecer uma recusa da história, portanto uma recusa da liberdade criadora. Trata-se, em suma, do eterno retorno *in illo tempore*, num passado que é "mítico", que nada tem de histórico. Pode-se concluir então que a eterna repetição dos gestos exemplares revelados pelos deuses *ab origine* opõe-se a todo o progresso humano e paralisa toda a espontaneidade criadora. Certamente esta conclusão é, em parte, justificada. Em parte somente, porque o homem religioso, mesmo o mais "primitivo", não rejeita, em princípio, o "progresso": aceita-o, mas confere-lhe uma origem e uma dimensão divinas. Tudo o que, na perspectiva moderna, nos parece ter marcado "progressos" (seja qual for sua natureza: social, cultural, técnica etc.) em relação a uma situação anterior – tudo isto foi assumido pelas diversas sociedades primitivas, no decurso de sua longa história, como outras tantas novas revelações divinas. Mas, no momento, deixaremos de lado esse aspecto do problema. O que nos importa em primeiro lugar é compreender o significado religioso da repetição dos gestos divinos. Ora, parece evidente que, se o homem religioso sente necessidade de reproduzir indefinidamente os mesmos gestos exemplares, *é porque deseja e se esforça por viver muito perto de seus deuses*.

Tornar-se periodicamente o contemporâneo dos deuses

Estudando, no capítulo precedente, o simbolismo cosmológico das cidades, dos templos e das casas, mostramos que ele corresponde à idéia de um "Centro do Mundo". A experiência religiosa envolvida no simbolismo do Centro parece ser a seguinte: o homem deseja situar-se num espaço "aberto para o alto", em comunicação com o mundo divino. Viver perto de um "Centro do Mundo" equivale, em suma, a viver o mais próximo possível dos deuses.

Descobre-se o mesmo desejo de aproximação dos deuses quando se analisa o significado das festas religiosas. Restabelecer o Tempo sagrado da origem equivale a tornarmo-nos contemporâneos dos deuses, portanto a viver na presença deles – embora esta presença seja "misteriosa", no sentido de que nem sempre é visível. A intencionalidade decifrada na experiência do Espaço e do Tempo sagrados revela o desejo de reintegrar uma situação primordial: aquela em que os deuses e os Antepassados míticos estavam *presentes*, quer dizer, estavam em via de criar o Mundo, ou de organizá-lo ou de revelar aos homens os fundamentos da civilização. Essa "situação primordial" não é de ordem histórica, não é cronologicamente calculável; trata-se de uma anterioridade mítica, do Tempo da "origem", do que se passou "no começo", *in principium*.

Ora, "no começo" passava-se isto: os Seres divinos ou semidivinos estavam ativos sobre a Terra. A nostalgia das "origens" equivale, pois, a uma nostalgia religiosa. O homem deseja reencontrar a presença ativa dos deuses, deseja igualmente viver no Mundo recente, puro e "forte", tal qual saíra das mãos do Criador. É a nostalgia da *perfeição dos primórdios* que explica em grande parte o retorno periódico *in illo tempore*. Em termos cristãos, poder-se-ia dizer que se trata de uma "nostalgia do Paraíso", embora, ao nível das culturas primitivas, o contexto religioso e ideológico seja totalmente diferente do contexto do judaísmo-cristianismo. Mas o Tempo mítico que o homem se esforça por reatualizar periodicamente é um Tempo santificado pela presença divina, e pode-se dizer que o desejo de viver na *presença divina* e num *mundo perfeito* (porque recém-nascido) corresponde à nostalgia de uma situação paradisíaca.

Como já observamos anteriormente, este desejo do homem religioso de retornar periodicamente *para trás*, seu esforço para restabelecer uma situação mítica – a que era *in principium* – pode parecer insuportável e humilhante aos olhos do homem moderno. Uma tal nostalgia conduz fatalmente à contínua repetição de um número limitado de gestos e comportamentos. De certo ponto de vista, pode-se dizer até que o homem religioso – sobretudo o das sociedades primitivas – é por excelência um homem paralisado pelo mito do eterno retorno. Um psicólogo moderno seria tentado a decifrar num tal comportamento a angústia diante do risco da novidade, a recusa a assumir a responsabilidade de uma existência autêntica e histórica, a nostalgia de uma situação "paradisíaca" justamente porque embrionária, insuficientemente libertada da Natureza.

O problema é complexo demais para ser abordado aqui. Aliás, esse problema ultrapassa nosso tema, pois, em última instância, implica o problema da oposição entre o homem moderno e o homem pré-moderno. Digamos, contudo, que seria um erro acreditar que o homem religioso das sociedades primitivas e arcaicas recusa-se a assumir a responsabilidade de uma existência autêntica. Pelo contrário, ele assume corajosamente enormes responsabilidades: por exemplo, a de colaborar na criação do Cosmos, criar seu próprio mundo, ou assegurar a vida das plantas e dos animais etc. Mas trata-se de um tipo de responsabilidade diferente daquelas que, a nossos olhos, parecem ser as únicas autênticas e válidas. Trata-se de uma *responsabilidade no plano cósmico*, diferente das responsabilidades de ordem moral, social ou histórica, as únicas conhecidas pelas civilizações modernas. Na perspectiva da existência profana, o homem só reconhece responsabilidade para consigo mesmo e para com a sociedade. Para ele, o Universo não constitui um Cosmos, ou seja, uma unidade viva e articulada; é simplesmente a soma das reservas materiais e de energias físicas do planeta. E a grande preocupação do homem moderno é a de não esgotar inabilmente os recursos econômicos do globo. Mas, existencialmente, o primitivo situa-se sempre num contexto cósmico. À sua experiência pessoal não falta nem autenticidade nem profundidade, mas, pelo fato de se exprimir numa linguagem que não nos é familiar, ela parece inautêntica ou infantil aos olhos dos modernos.

Voltemos a nosso tema imediato: não estamos autorizados a interpretar o retorno periódico ao Tempo sagrado da origem como uma recusa do mundo real e uma evasão no sonho e no imaginário. Ao contrário, parece-nos que, ainda aqui, é possível ver a *obsessão ontológica*, que aliás pode ser considerada uma característica essencial do homem das sociedades primitivas e arcaicas. Porque, em suma, desejar restabelecer o *Tempo da origem* é desejar não apenas reencontrar a *presença dos deuses*, mas também recuperar o *Mundo forte, recente e puro*, tal como era *in illo tempore*. É ao mesmo tempo sede do *sagrado* e nostalgia do *Ser*. No plano existencial, esta experiência traduz-se pela certeza de poder recomeçar periodicamente a vida com o máximo de "sorte". É, com efeito, não somente uma visão otimista da existência, mas também uma adesão total ao Ser. Por todos os seus comportamentos, o homem religioso proclama que só acredita no Ser e que sua participação no Ser lhe é afiançada pela revelação primordial da qual ele é o guardião. A soma das revelações primordiais é constituída por seus mitos.

Mito = modelo exemplar

O mito conta uma história sagrada, quer dizer, um acontecimento primordial que teve lugar no começo do Tempo, *ab initio*. Mas contar uma história sagrada equivale a revelar um mistério, pois as personagens do mito não são seres humanos: são deuses ou Heróis civilizadores. Por esta razão suas *gesta* constituem mistérios: o homem não poderia conhecê-los se não lhe fossem revelados. O mito é pois a história do que se passou *in illo tempore*, a narração daquilo que os deuses ou os Seres divinos fizeram no começo do Tempo. "Dizer" um mito é proclamar o que se passou *ab origine*. Uma vez "dito", quer dizer, revelado, o mito torna-se verdade apodítica: funda a verdade absoluta. "É assim porque foi dito que é assim", declaram os esquimós netsilik a fim de justificar a validade de sua história sagrada e suas tradições religiosas. O mito proclama a aparição de uma nova "situação" cósmica ou de um acontecimento primordial. Portanto, é sempre a narração de uma "criação": conta-se como qualquer coisa foi efetuada, começou a *ser*. É por isso que o mito é solidário da ontologia: só fala das *realidades*, do que aconteceu *realmente*, do que se manifestou plenamente.

É evidente que se trata de realidades sagradas, pois *o sagrado* é o *real* por excelência. Tudo o que pertence à esfera do profano não participa do Ser, visto que o profano não foi fundado ontologicamente pelo mito, não tem modelo exemplar. Conforme não tardaremos a ver, o trabalho agrícola é um ritual revelado pelos deuses ou pelos Heróis civilizadores. É por isso que constitui um ato *real* e *significativo*. Por sua vez, o trabalho agrícola numa sociedade dessacralizada tornou-se um ato profano, justificado unicamente pelo proveito econômico que proporciona. Trabalha-se a terra com o objetivo de explorá-la: procura-se o ganho e a alimentação. Destituído de simbolismo religioso, o trabalho agrícola torna-se, ao mesmo tempo, "opaco" e extenuante: não revela significado algum, não permite nenhuma "abertura" para o universal, para o mundo do espírito. Nenhum deus, nenhum herói civilizador jamais revelou um ato profano. Tudo quanto os deuses ou os antepassados fizeram – portanto tudo o que os mitos contam a respeito de sua atividade criadora – pertence à esfera do sagrado e, por conseqüência, participa do *Ser*. Em contrapartida, o que os homens fazem por própria iniciativa, o que fazem sem modelo mítico, pertence à esfera do profano: é pois uma atividade vã e ilusória, enfim, irreal. Quanto mais o homem é religioso tanto mais dispõe de modelos exemplares para seus comportamentos e ações. Em outras palavras, quanto mais é religioso tanto mais se insere no *real* e menos se arrisca a perder-se em ações não-exemplares, "subjetivas" e, em resumo, aberrantes.

Este é um aspecto do mito que convém sublinhar: o mito revela a sacralidade absoluta porque relata a atividade criadora dos deuses, desvenda a sacralidade da obra deles. Em outras palavras, o mito descreve as diversas e às vezes dramáticas irrupções do sagrado do mundo. Por esta razão, entre muitos primitivos, os mitos não podem ser recitados indiferentemente em qualquer lugar e época, mas apenas durante as estações ritualmente mais ricas (outono, inverno) ou no intervalo das cerimônias religiosas – numa palavra, num *lapso de tempo sagrado*. É a irrupção do sagrado no mundo, irrupção contada pelo mito, que *funda* realmente o mundo. Cada mito mostra como uma realidade veio à existência, seja ela a realidade total, o Cosmos, ou apenas um fragmento: uma ilha, uma espécie vegetal, uma instituição humana. Narrando *como* vieram à existência as coisas, o homem explica-as e responde indiretamente a uma outra questão: *por que* elas vieram à existência? O "por que" insere-se sempre no "como". E isto pela simples razão de que, ao se contar *como* uma coisa nasceu, revela-se a irrupção do sagrado no mundo, causa última de toda existência real.

Por outro lado, sendo toda criação uma obra divina, e portanto irrupção do sagrado, representa igualmente uma irrupção de energia criadora no Mundo. Toda criação brota de uma plenitude. Os deuses criam por um excesso de poder, por um transbordar de energia. A criação faz-se por um acréscimo de substância ontológica. É por isso que o mito que conta essa ontofania sagrada, a manifestação vitoriosa de uma plenitude de ser, torna-se o modelo exemplar de todas as atividades humanas: só ele revela o *real*, o superabundante, o eficaz. "Devemos fazer o que os deuses fizeram no começo", afirma um texto indiano (*Shatapatha Brâhmana*, VII, 2, I, 4). "Assim fizeram os deuses, assim fazem os homens", acrescenta *Taittiriya Br.* (I, 5, 9, 4). A função mais importante do mito é, pois, "fixar" os modelos exemplares de todos os ritos e de todas as atividades humanas significativas: alimentação, sexualidade, trabalho, educação etc. Comportando-se como ser humano plenamente responsável, o homem imita os gestos exemplares dos deuses, repete as ações deles, quer se trate de uma simples função fisiológica, como a alimentação, quer de uma atividade social, econômica, cultural, militar etc.

Na Nova Guiné, numerosos mitos falam de longas viagens pelo mar, fornecendo assim "modelos aos navegadores atuais", bem como modelos para todas as outras atividades, "quer se trate de amor, de guerra, de pesca, de produção de chuva, ou do que for... A narração fornece precedentes para os diferentes momentos da construção de um barco, para os tabus sexuais que ela implica etc." Um capitão, quando sai para o mar, personifica o herói mítico Aori. "Veste os trajes que Aori usava, segundo o mito; tem como ele o rosto enegrecido e, nos cabelos, um *love* semelhante àquele que Aori retirou da cabeça de Iviri. Dança sobre a plataforma e abre os braços como Aori abria suas asas... Disse-me um pescador que quando ia apanhar peixes (com seu arco) se tomava por Kivavia em pessoa. Não implorava o favor e a ajuda desse herói mítico: identificava-se com ele."[10]

O simbolismo dos precedentes míticos encontra-se igualmente em outras culturas primitivas. A respeito dos karuk da Califórnia, J. P. Harrington escreve: "Tudo o que o Karuk fazia, só o realizava porque os ikxareyavs, acreditava-se, tinham dado o exemplo disso nos tempos míticos. Esses ikxareyavs eram as pessoas que habitavam a América antes da chegada dos índios. Os karuk modernos, não sabendo como traduzir essa palavra, propõem traduções como 'os príncipes', 'os chefes', 'os anjos'... Só ficaram entre os karuk o tempo necessário para ensinar e pôr em andamento todos os costumes, dizendo a cada vez: 'Eis como fariam os humanos.' Seus atos e palavras ainda hoje são contados e citados nas fórmulas mágicas dos karuk."[11]

A repetição fiel dos modelos divinos tem um resultado duplo: (1) por um lado, ao imitar os deuses, o homem mantém-se no sagrado e, conseqüentemente, na realidade; (2) por outro lado, graças à reatualização ininterrupta dos gestos divinos exemplares, o mundo é santificado. O comportamento religioso dos homens contribui para manter a santidade do mundo.

Reatualizar os mitos

É interessante notar que o homem religioso assume uma humanidade que tem um modelo trans-humano, transcendente. Ele só se reconhece *verdadeiramente homem* quando imita os deuses, os Heróis civilizadores ou os Antepassados míticos. Em resumo, o homem religioso se quer *diferente* do que ele acha que é no plano de sua existência profana. O homem religioso não é *dado*: faz-se a si próprio ao aproximar-se dos modelos divinos. Estes modelos, como dissemos, são conservados pelos mitos, pela história das *gesta* divinas. Por conseguinte, o homem religioso também se considera *feito* pela História, tal qual o homem profano. Mas a única História que interessa a ele é a *História sagrada* revelada pelos mitos, quer dizer, a história dos deuses, ao passo que o homem profano se pretende constituído unicamente pela História humana – portanto, justamente pela soma de atos que, para o homem religioso, não apresentam nenhum interesse, visto lhes faltarem os modelos divinos. É preciso sublinhar que, desde o início, o homem religioso estabelece seu próprio modelo a atingir no plano trans-humano: aquele revelado pelos mitos. *O homem só se torna verdadeiro homem conformando-se ao ensinamento dos mitos, imitando os deuses.*

Adicionemos que uma tal *imitatio dei* às vezes implica, para os primitivos, uma responsabilidade muito grave: vimos que certos sacrifícios sangrentos encontram sua justificação num ato divino primordial: *in illo tempore*, o deus havia espancado o monstro marinho e esquartejado seu corpo a fim de criar o Cosmos. O homem repete o sacrifício sangrento – às vezes com vítimas humanas – quando deve construir uma aldeia, um templo ou simplesmente uma casa. As possíveis conseqüências da *imitatio dei* são reveladas claramente pelas mitologias e rituais de numerosos povos primitivos. Para citar um exemplo: segundo os mitos dos paleocultivadores, o homem tornou-se o que ele é hoje – mortal, sexualizado e condenado ao trabalho – após uma morte primordial: *in illo tempore*, um Ser divino, muito freqüentemente uma mulher ou uma jovem, às vezes uma criança ou um homem, deixou-se imolar para que pudessem brotar de seu corpo tubérculos ou árvores frutíferas. Esse primeiro assassínio mudou radicalmente o modo de ser da existência humana. A imolação do Ser divino inaugurou tanto a necessidade de alimentação como a fatalidade da morte e, por conseqüência, a sexualidade é o único meio de assegurar a continuidade da vida. O corpo da divindade imolada transformou-se em alimentos; sua alma foi para baixo da Terra, onde fundou o País dos Mortos. Ad. E. Jensen, que dedicou um importante estudo a essas divindades – que ele chama de *dema* –, mostrou muito bem que, alimentando-se ou morrendo, o homem participa da existência dos *dema*[12].

Para todos os povos paleocultivadores, o essencial consiste em evocar periodicamente o acontecimento primordial que fundou a condição humana atual. Toda a sua vida religiosa é uma comemoração, uma rememoração. A recordação reatualizada por ritos (portanto, pela reiteração do assassínio primordial) desempenha um papel decisivo: o homem deve evitar cuidadosamente esquecer o que se passou *in illo tempore*. O verdadeiro pecado é o esquecimento: a jovem que, em sua primeira menstruação, permanece três dias numa cabana escura, sem falar com ninguém, comporta-se assim porque a jovem mítica assassinada, tendo-se transformado em Lua, fica três dias nas trevas. Se a jovem catamenial infringe o tabu de silêncio e fala, torna-se culpada do esquecimento de um acontecimento primordial. A memória pessoal não entra em jogo: o que conta é rememorar o acontecimento mítico, o único digno de interesse, porque é o único criador. É ao mito primordial que cabe conservar *a verdadeira história*, a história da condição humana: é nele que é preciso procurar e reencontrar os princípios e os paradigmas de toda conduta.

É neste estado de cultura que se encontra o canibalismo ritual. A grande preocupação do canibal parece ser de natureza metafísica: ele não deve esquecer o que se passou *in illo tempore*. Volhardt e Jensen mostraram-no muito claramente: abatendo e devorando porcas por ocasião das festividades, comendo as primícias da colheita dos tubérculos, *come-se o corpo divino tal como durante as refeições canibais*. Sacrifícios de porcas, caça de cabeças, canibalismo correspondem simbolicamente às colheitas de tubérculos ou nozes de coco. Cabe a Volhardt o mérito[13] de ter esclarecido, além do sentido religioso da antropofagia, a responsabilidade humana assumida pelo canibal. A planta alimentar não é *dada* na Natureza: é o produto de um assassínio, pois foi assim que foi criada na aurora dos tempos. A caça às cabeças, os sacrifícios humanos, o canibalismo – tudo isto foi aceito pelo homem a fim de assegurar a vida das plantas. Volhardt insistiu justamente neste aspecto: o canibal assume sua responsabilidade no mundo; o canibalismo não é um comportamento "natural" do homem primitivo (não se situa aliás nos níveis mais arcaicos de cultura), mas um comportamento cultural, fundado sobre uma visão religiosa da vida. Para que o mundo vegetal possa continuar, o homem deve matar e ser morto; além disso, deve assumir a sexualidade até seus limites extremos: a orgia. Uma canção abissínia proclama: "Aquela que ainda não engendrou, engendre; aquele que ainda não matou, que mate!" É uma maneira de dizer que os dois sexos estão condenados a assumir seu destino.

Antes de emitir um juízo sobre o canibalismo, é preciso ter em mente que ele foi fundado por seres divinos. Mas eles o fundaram com o objetivo de permitir aos homens que assumissem uma responsabilidade no Cosmos, para colocá-los em estado de velar pela continuidade da vida vegetal. Trata-se, pois, de uma responsabilidade de ordem religiosa. Os canibais uitoto afirmam-nos: "Nossas tradições estão sempre vivas entre nós, mesmo quando não dançamos; mas trabalhamos unicamente para podermos dançar." As danças consistem na reiteração de todos os acontecimentos míticos, e portanto também do primeiro assassínio seguido de antropofagia.

Lembramos este exemplo para mostrar que, entre os primitivos, como nas civilizações paleorientais, a *imitatio dei* não é concebida de maneira idílica, que ela implica, ao contrário, uma terrível responsabilidade humana. Ao julgar uma sociedade "selvagem", é preciso não perder de vista que mesmo os atos mais bárbaros e os comportamentos mais aberrantes têm modelos trans-humanos, divinos. É um problema totalmente diferente saber por que, e na seqüência de que degradações e incompreensões, certos comportamentos religiosos se deterioram e tornam-se aberrantes. Para nosso tema, porém, importa apenas sublinhar que o homem religioso queria e acreditava imitar seus deuses mesmo quando se deixava arrastar a ações que tocavam as raias da loucura, da vileza e do crime.

História sagrada, história, historicismo

Recapitulemos: o homem religioso conhece duas espécies de Tempo: profano e sagrado. Uma duração evanescente e uma "seqüência de eternidades" periodicamente recuperáveis durante as festas que constituem o calendário sagrado. O Tempo litúrgico do calendário desenrola-se em círculo fechado: é o Tempo cósmico do Ano, santificado pelas "obras dos deuses". E, visto que a obra divina mais grandiosa foi a Criação do Mundo, a comemoração da cosmogonia desempenha um papel importante em muitas religiões. O Ano Novo coincide com o primeiro dia da Criação. O Ano é a dimensão temporal do Cosmos. Diz-se "O Mundo passou" quando se escoou um ano.

A cada Ano Novo reitera-se a cosmogonia, recria-se o Mundo e, ao fazê-lo, "cria-se" também o Tempo, quer dizer, regenera-se o Tempo "iniciando-o" de novo. É por esta razão que o mito cosmogônico serve de modelo exemplar a toda "criação" ou "construção", sendo utilizado também como meio ritual de cura. Voltando-se a ser simbolicamente contemporâneo da Criação, reintegra-se a plenitude primordial. O doente se cura porque recomeça sua vida com uma soma intacta de energia.

A festa religiosa é a reatualização de um acontecimento primordial, de uma "história sagrada" cujos atores são os deuses ou os Seres semidivinos. Ora, a "história sagrada" está contada nos mitos. Por conseqüência, os participantes da festa tornam-se contemporâneos dos deuses e dos Seres semidivinos. Vivem no Tempo primordial santificado pela presença e atividade dos deuses. O calendário sagrado regenera periodicamente o Tempo, porque o faz coincidir com o *Tempo da origem*, o Tempo "forte" e "puro". A experiência religiosa da festa, quer dizer, a participação no sagrado, permite aos homens viver periodicamente na presença dos deuses. Daí a importância capital dos mitos em todas as religiões pré-mosaicas, pois os mitos contam as *gesta* dos deuses, e estas *gesta* constituem os modelos exemplares de todas as atividades humanas. Ao imitar seus deuses, o homem religioso passa a viver no *Tempo da origem*, o Tempo mítico. Em outras palavras, "sai" da duração profana para reunir-se a um Tempo "imóvel", à "eternidade".

Visto que, para o homem religioso das sociedades primitivas, os mitos constituem sua "história sagrada", ele não deve esquecê-los: reatualizando os mitos, o homem religioso aproxima-se de seus deuses e participa da santidade. Mas há também "histórias divinas trágicas", e o homem assume uma grande responsabilidade perante si mesmo e a Natureza ao reatualizá-las periodicamente. O canibalismo ritual, por exemplo, é a conseqüência de uma concepção religiosa trágica.

Em resumo, pela reatualização dos mitos, o homem religioso esforça-se por se aproximar dos deuses e participar do *Ser*; a imitação dos modelos exemplares divinos exprime, ao mesmo tempo, seu desejo de santidade e sua nostalgia ontológica.

Nas religiões primitivas e arcaicas, a eterna repetição dos gestos divinos justifica-se como *imitatio dei*. O calendário sagrado repete anualmente as mesmas festas, quer dizer, a comemoração dos mesmos acontecimentos míticos. Propriamente falando, o calendário sagrado apresenta-se como o "eterno retorno" de um número limitado de gestos divinos, e isto é verdadeiro não somente para as religiões primitivas, mas também para todas as outras religiões. Em toda parte, o calendário festivo constitui um retorno periódico das mesmas situações primordiais e, conseqüentemente, a reatualização do mesmo Tempo sagrado. Para o homem religioso, a reatualização dos mesmos acontecimentos míticos constitui sua maior esperança, pois, a cada reatualização, ele reencontra a possibilidade de transfigurar sua existência, tornando-a semelhante ao modelo divino. Em suma, *para o homem religioso das sociedades primitivas e arcaicas*, a eterna repetição dos gestos exemplares e o eterno encontro com o mesmo Tempo mítico da origem, santificado pelos deuses, não implicam de modo nenhum uma visão pessimista da vida; ao contrário, é graças a este "eterno retorno" às fontes do sagrado e do real que a existência humana lhe parece salvar-se do nada e da morte.

A perspectiva muda totalmente quando o sentido da *religiosidade cósmica se obscurece*. É o que se passa quando, em certas sociedades mais evoluídas, as elites intelectuais se desligam progressivamente dos padrões da religião tradicional. A santificação periódica do Tempo cósmico revela-se então inútil e insignificante. Os deuses já não são acessíveis por meio dos ritmos cósmicos. O significado religioso da repetição dos gestos exemplares é esquecido. Ora, *a repetição esvaziada de seu conteúdo conduz necessariamente a uma visão pessimista da existência*. Quando deixa de ser um veículo pelo qual se pode restabelecer uma situação primordial e reencontrar a presença misteriosa dos deuses, quer dizer, quando é *dessacralizado*, o Tempo cíclico torna-se terrífico: revela-se como um círculo girando indefinidamente sobre si mesmo, repetindo-se até o infinito.

Foi o que aconteceu na Índia, onde a doutrina dos ciclos cósmicos (*yuga*) foi amplamente elaborada. Um ciclo completo, um *mahâyuga*, compreende doze mil anos. Termina-se por uma "dissolução", uma *pralaya*, que se repete de maneira mais radical (*mahâpralaya*, a "Grande Dissolução") no fim do milésimo ciclo. Pois o esquema exemplar, "criação-destruição-criação etc.", reproduz-se até o infinito. Os doze mil anos de um *mahâyuga* são considerados como "anos divinos", durando cada um deles trezentos e sessenta anos, o que dá um total de quatro milhões, trezentos e vinte mil anos para um único ciclo cósmico. Mil *mahâyuga* constituem um *kalpa* ("forma"); catorze *kalpa* fazem um *manvantâra* (assim chamado porque se supõe que cada *manvantâra* seja regido por um Manu, o Antepassado real mítico). Um *kalpa* equivale a um dia de vida de Brahma; um outro *kalpa* a uma noite. Cem desses "anos" de Brahma, ou seja, trezentos e onze bilhões de anos humanos, constituem a vida do Deus. Mas mesmo essa enorme duração da vida de Brahma não consegue esgotar o Tempo, pois os deuses não são eternos e as criações e destruições cósmicas prosseguem *ad infinitum*[14].

É o verdadeiro "eterno retorno", a eterna repetição do ritmo fundamental do Cosmos: sua destruição e recriação periódicas. Trata-se, em suma, *da concepção primitiva do "Ano-Cosmos", mas esvaziada de seu conteúdo religioso*. Evidentemente, a doutrina dos *yuga* foi elaborada pelas elites intelectuais, e, se ela se tornou uma doutrina pan-indiana, não pensemos que revelava seu aspecto terrífico a todas as populações da Índia. Eram sobretudo as elites religiosas e filosóficas que sentiam desespero perante o Tempo cíclico, que se repetia até o infinito, o eterno retorno à existência graças ao *karma,* a lei da causalidade universal. Por outro lado, o Tempo era equiparado à ilusão cósmica (*mâyâ*), e o eterno retorno à existência significava o prolongamento indefinido do sofrimento e da escravidão. A única esperança para as elites religiosas e filosóficas era o não-retorno à existência, a abolição do *karma*; em outras palavras, a libertação definitiva (*moksha*), que implicava a transcendência do Cosmos[15].

A Grécia também conheceu o mito do eterno retorno, e os filósofos da época tardia levaram a concepção do Tempo circular aos seus limites extremos. Para citar o belo resumo de H. Ch. Puech: "Segundo a célebre definição platônica, o tempo que a revolução das esferas celestes determina e mede é a imagem móvel da eternidade imóvel, que ele imita ao se desenrolar em círculo. Conseqüentemente, todo devir cósmico, assim como a duração deste mundo de geração e corrupção que é o nosso, desenvolver-se-á em círculo ou segundo sucessão indefinida de ciclos, no decurso dos quais a mesma realidade se faz, se desfaz, se refaz, de acordo com uma lei e alternativas imutáveis. Não somente se conserva aí a mesma soma de ser, sem que nada se perca nem se crie, mas também, segundo alguns pensadores do fim da Antiguidade – pitagóricos, estóicos, platônicos –, admite-se que, no interior de cada um desses ciclos de duração, desses *aiones,* desses *aeva,* se reproduzem as mesmas situações que se produziram já nos ciclos anteriores e que se reproduzirão nos ciclos subseqüentes – até o infinito. Nenhum acontecimento é único, nenhum ocorre uma única vez (por exemplo, a condenação e a morte de Sócrates), mas realizou-se e realizar-se-á perpetuamente; os mesmos indivíduos apareceram, aparecem e reaparecerão em cada retorno do círculo sobre si mesmo. A duração cósmica é repetição e *anakuklosis*, eterno retorno."[16]

Quanto às religiões arcaicas e paleorientais, bem como em relação às concepções mítico-filosóficas do Eterno Retorno, tais como foram elaboradas na Índia e na Grécia, o judaísmo apresenta uma inovação importante. *Para o judaísmo, o Tempo tem um começo e terá um fim*. A idéia do Tempo cíclico é ultrapassada. Jeová não se manifesta no *Tempo cósmico* (como os deuses das outras religiões), mas num *Tempo histórico*, que é irreversível. Cada nova manifestação de Jeová na história não é redutível a uma manifestação anterior. A queda de Jerusalém exprime a cólera de Jeová contra seu povo, mas não é a mesma que Jeová exprimira no momento da queda de Samaria. Seus gestos são intervenções *pessoais* na História e só revelam seu sentido profundo *para seu povo*, o povo *escolhido* por Jeová. Assim, o acontecimento histórico ganha uma nova dimensão: torna-se uma *teofania*[17].

O cristianismo vai ainda mais longe na valorização do *Tempo histórico*. Visto que Deus *encarnou*, isto é, que assumiu uma *existência humana historicamente condicionada*, a História torna-se suscetível de ser santificada. O *illud tempus* evocado pelos evangelhos é um Tempo histórico claramente delimitado – o Tempo em que Pôncio Pilatos era governador da Judéia –, mas *santificado pela presença do Cristo*. Quando um cristão de nossos dias participa do Tempo litúrgico, volta a unir-se ao *illud tempus* em que Jesus vivera, agonizara e ressuscitara – mas já não se trata de um Tempo mítico, mas do Tempo em que Pôncio Pilatos governava a Judéia. Para o cristão, também o calendário sagrado repete indefinidamente os mesmos acontecimentos da existência do Cristo, mas esses acontecimentos desenrolaram-se na História: já não são fatos que se passaram na *origem do Tempo*, "no começo". (Acrescentemos porém que para o cristão o Tempo começa de novo com o nascimento do Cristo, porque a encarnação funda uma nova situação do homem no Cosmos.) Em resumo, a História se revela como uma nova dimensão da presença de Deus no mundo. A *História* volta a ser a *História sagrada* – tal como foi concebida, dentro de uma perspectiva mítica, nas religiões primitivas e arcaicas[18].

O cristianismo conduz a uma *teologia* e não a uma *filosofia* da História, pois as intervenções de Deus na história, e sobretudo a Encarnação na pessoa histórica de Jesus Cristo, têm uma finalidade trans-histórica – a *salvação* do homem.

Hegel retoma a ideologia judaico-cristã e aplica-a à História universal em sua totalidade: o Espírito universal manifesta-se *contínua*, e *unicamente*, nos acontecimentos históricos. A História, em *sua totalidade*, torna-se, pois, uma teofania: tudo o que se passou na História *devia passar-se assim*, pois assim o quis o Espírito universal. É a via aberta para as diferentes formas de filosofia historicista do século XX. Aqui pára nossa investigação, porque todas essas novas valorizações do Tempo e da História pertencem à história da filosofia. É importante acrescentar, contudo, que o historicismo é o produto da decomposição do cristianismo: ele concede uma importância decisiva ao acontecimento histórico (o que é uma idéia de origem cristã), mas ao *acontecimento histórico como tal*, quer dizer, negando-lhe toda possibilidade de revelar uma intenção soteriológica, trans-histórica[19].

CAPÍTULO III

A SACRALIDADE DA NATUREZA E A RELIGIÃO CÓSMICA

Para o homem religioso, a Natureza nunca é exclusivamente "natural": está sempre carregada de um valor religioso. Isto é facilmente compreensível, pois o Cosmos é uma criação divina: saindo das mãos dos deuses, o Mundo fica impregnado de sacralidade. Não se trata somente de uma sacralidade comunicada pelos deuses, como é o caso, por exemplo, de um lugar ou um objeto consagrado por uma presença divina. Os deuses fizeram mais: *manifestaram as diferentes modalidades do sagrado na própria estrutura do Mundo e dos fenômenos cósmicos.*

O mundo apresenta-se de tal maneira que, ao contemplá-lo, o homem religioso descobre os múltiplos modos do sagrado e, por conseguinte, do Ser. Antes de tudo, o Mundo *existe*, está *ali*, e tem uma estrutura: não é um Caos, mas um Cosmos, e revela-se portanto como criação, como obra dos deuses. Esta obra divina guarda sempre uma transparência, quer dizer, desvenda espontaneamente os múltiplos aspectos do sagrado. O Céu revela diretamente, "naturalmente", a distância infinita, a transcendência do deus. A Terra também é "transparente": mostra-se como mãe e nutridora universal. Os ritmos cósmicos manifestam a ordem, a harmonia, a permanência, a fecundidade. No conjunto, o Cosmos é ao mesmo tempo um organismo *real*, *vivo* e *sagrado*: revela as modalidades do Ser e da sacralidade. Ontofania e hierofania se unem.

Neste capítulo trataremos de compreender como o Mundo se mostra aos olhos do homem religioso; mais exatamente, como a sacralidade se revela através das próprias estruturas do Mundo. É preciso não esquecer que, para o homem religioso, o "sobrenatural" está indissoluvelmente ligado ao "natural"; que a Natureza sempre exprime algo que a transcende. Como já dissemos, uma pedra sagrada é venerada porque é *sagrada* e não porque é *pedra*; é a sacralidade *manifestada pelo modo de ser da pedra* que revela sua verdadeira essência. É por esta razão que não se pode falar de "naturismo" ou de "religião natural", no sentido atribuído a estas palavras no século XIX; pois é a "sobrenatura" que se deixa manifestar ao homem religioso por meio dos aspectos "naturais" do Mundo.

O sagrado celeste e os deuses uranianos

A simples contemplação da abóbada celeste é suficiente para desencadear uma experiência religiosa. O Céu revela-se infinito, transcendente. É por excelência o *ganz andere* diante do qual o homem e seu meio ambiente pouco representam. A transcendência revela-se pela simples tomada de consciência da altura infinita. O "muito alto" torna-se espontaneamente um atributo da divindade. As regiões superiores inacessíveis ao homem, as zonas siderais, adquirem o prestígio do transcendente, da realidade absoluta, da eternidade. Lá é a morada dos deuses; é lá que chegam alguns privilegiados, mediante ritos de ascensão; para lá se elevam, segundo as concepções de certas religiões, as almas dos mortos. O "muito alto" é uma dimensão inacessível ao homem como tal; pertence de direito às forças e aos Seres sobre-humanos. Aquele que se eleva subindo a escadaria de um santuário, ou a escada ritual que conduz ao Céu, deixa então de ser homem: de uma maneira ou de outra, passa a fazer parte da condição divina.

Não se trata de uma operação lógica, racional. A categoria transcendental da "altura", do supraterrestre, do infinito revela-se ao homem como um todo, tanto à sua inteligência como à sua alma. É uma tomada de consciência total: em face do Céu, o homem descobre ao mesmo tempo a incomensurabilidade divina e sua própria situação no Cosmos. O Céu revela, *por seu próprio modo de ser*, a transcendência, a força, a eternidade. Ele *existe de uma maneira absoluta*, pois é *elevado, infinito, eterno, poderoso*.

É nesse sentido que se deve compreender o que dizíamos mais atrás, que os deuses manifestaram as diferentes modalidades do sagrado na própria estrutura do Mundo: o Cosmos – a obra exemplar dos deuses – é "construído" de tal maneira, que o sentimento religioso da transcendência divina é incitado pela própria existência do Céu. E, visto que o Céu *existe* de maneira absoluta, um grande número de deuses supremos das populações primitivas são chamados por nomes que designam a altura, a abóbada celeste, os fenômenos meteorológicos; ou são chamados muito simplesmente de "Proprietários do Céu", ou "Habitantes do Céu".

A divindade suprema dos maori chama-se Iho; *iho* tem o sentido de "elevado, acima". Uwoluwu, o Deus supremo dos negros akposo, significa "o que está no alto, as regiões superiores". Entre os selk'nam da Terra do Fogo, Deus se chama "Habitante do Céu" ou "Aquele que está no Céu". Puluga, o Ser supremo dos andamanais, habita o Céu; sua voz é o trovão, o vento seu hálito; o furacão é o sinal de sua cólera, pois ele pune com o raio aqueles que infringem suas ordens. O Deus do Céu dos iorubas da costa dos Escravos chama-se Olorum, literalmente "Proprietário do Céu". Os samoiedos adoram Num, Deus que habita o mais alto do Céu e cujo nome significa "Céu". Entre os koryaks, a divindade suprema chama-se o "Um do alto", "o Senhor do Alto", "Aquele que existe". Os ainos conhecem-no como "o Chefe divino do Céu", "o Deus celeste", "o Criador divino dos mundos", mas também como *Kamui*, que quer dizer "Céu". E pode alongar-se facilmente a lista[1].

O mesmo ocorre entre as religiões de povos mais civilizados, quer dizer, dos povos que desempenharam um papel importante na História. O nome mongol do Deus supremo é *Tengri*, que significa "Céu". O *T'ien* chinês denota ao mesmo tempo o "Céu" e "Deus do Céu". O termo sumério para divindade, *dingir*, tinha como significado primitivo uma epifania celeste: "claro, brilhante". O Anu babilônio exprime igualmente a noção de "Céu". O Deus supremo indo-europeu, Diêus, denota ao mesmo tempo a epifania celeste e o sagrado (cf. "brilhar", "dia"; *dyaus*, "céu", "dia" – Dyaus, deus indiano do Céu). Zeus, Júpiter guardam ainda nos nomes a recordação da sacralidade celeste. O celta Taranis (de *taran*, "trovejar"), o báltico Perkunas ("relâmpago") e o protoeslavo Perun (cf. o *piorum* polonês: "relâmpago") mostram sobretudo as transformações ulteriores dos deuses do Céu em deuses da Tempestade[2].

Não se trata de "naturismo". O Deus celeste não é identificado com o Céu, pois foi o próprio Deus que, criador de todo o Cosmos, criou também o Céu. É por esta razão que é chamado "Criador", "Todo-Poderoso", "Senhor", "Chefe", "Pai" etc. O Deus celeste é uma pessoa e não uma epifania uraniana. Mas ele habita o Céu e manifesta-se por meio dos fenômenos meteorológicos: trovão, raio, tempestade, meteoros etc. Em outras palavras, algumas estruturas privilegiadas do Cosmos – o Céu, a atmosfera – constituem as epifanias favoritas do Ser supremo: ele revela sua presença por meio daquilo que lhe é específico: a *majestas* da imensidade celeste, o *tremendum* da tempestade.

O Deus longínquo

A história dos Seres supremos de estrutura celeste é de grande importância para a compreensão da história religiosa da humanidade como um todo. Não será possível escrevê-la aqui, nestas poucas páginas[3], mas não podemos deixar de mencionar um fato que nos parece capital: os Seres supremos de estrutura celeste têm tendência a desaparecer do culto; "afastam-se" dos homens, retiram-se para o Céu e tornam-se *dei otiosi*. Numa palavra, pode-se dizer que esses deuses, depois de terem criado o Cosmos, a vida e o homem, sentem uma espécie de "fadiga", como se o enorme empreendimento da Criação lhes tivesse esgotado os recursos. Retiram-se, pois, para o Céu, deixando na Terra um filho ou um demiurgo, para acabar ou aperfeiçoar a Criação. Aos poucos, o lugar deles é tomado por outras figuras divinas: os Antepassados míticos, as Deusas-Mães, os Deuses fecundadores etc. O deus da Tempestade conserva ainda uma estrutura celeste, mas já não é um Ser supremo criador: é apenas um Fecundador da Terra, e às vezes não passa de um auxiliar de sua parenta, a Terra-Mãe. O Ser supremo de estrutura celeste só conserva seu lugar preponderante entre os povos pastores, e ganha uma situação única nas religiões de tendência monoteísta (Ahura-Mazda) ou monoteístas (Jeová, Alá).

O fenômeno do "afastamento" do Deus supremo revela-se desde os níveis arcaicos de cultura. Entre os australianos kulin, o Ser supremo Bundjil criou o Universo, os animais, as árvores e o próprio homem; mas, depois de ter investido seu filho com o poder sobre a Terra, e sua filha com o poder sobre o Céu, Bundjil retirou-se do mundo. Habita sobre as nuvens, como um "senhor", tendo um grande sabre na mão. Puluga, o Ser supremo dos andamanais, retirou-se depois de ter criado o mundo e o primeiro homem. Ao mistério do "afastamento" corresponde a ausência quase completa de culto: nenhum sacrifício, nenhuma solicitação, nenhuma ação de graças. Apenas alguns costumes religiosos em que ainda sobrevive a recordação de Puluga: por exemplo, o "silêncio sagrado" dos caçadores que regressam à aldeia depois de uma caçada feliz.

O "Habitante do Céu" ou "Aquele que está no Céu" dos selk'nam é eterno, onisciente, onipotente, criador, mas a Criação foi concluída pelos antepassados míticos, criados pelo Deus supremo antes de se retirar para cima das estrelas. Atualmente, esse Deus isolou-se dos homens, indiferente às coisas do mundo. Não tem imagens, nem sacerdotes. Somente em caso de doença lhe dirigem preces: "Tu, do alto, não leves meu filho; é ainda muito pequeno!"[4] Só lhe fazem oferendas durante as intempéries.

O mesmo acontece entre a maioria das populações africanas: o grande Deus celeste, o Ser supremo, criador e onipotente, desempenha um papel insignificante na vida religiosa da tribo. Encontra-se muito longe, ou é bom demais para ter necessidade de um culto propriamente dito, e invocam-no apenas em casos extremos. Assim, por exemplo, o Olorum ("Proprietário do Céu") dos iorubas, depois de ter iniciado a criação do mundo, confiou a um deus inferior, Obatala, o cuidado de concluí-lo e governá-lo. Quanto a Olorum, retirou-se definitivamente dos negócios terrestres e humanos, e não há templos, nem estátuas, nem sacerdotes deste Deus supremo. Todavia, é *invocado, como último recurso, em tempos de calamidade.*

Retirado no Céu, Ndyambi, o Deus supremo dos héréros, abandonou a humanidade a divindidades inferiores. "Por que lhe ofereceríamos sacrifícios?" – explica um indígena. "Não precisamos temê-lo, pois, ao contrário dos nossos [espíritos dos] mortos, ele não nos faz mal algum."[5] O Ser supremo dos tumbukas é grande demais "para se interessar pelas coisas vulgares dos homens"[6]. O mesmo acontece entre os negros de língua tshi da África ocidental, com Njankupon: não tem culto e só lhe prestam homenagem em casos de grandes privações ou epidemias, ou depois de uma violenta borrasca; os homens perguntam-lhe então em que é que o ofenderam. Dzingbé ("o Pai universal"), o Ser supremo dos ewe, só é invocado durante a seca: "Ó Céu, a quem devemos nossos agradecimentos, grande é a seca; faz que chova, que a Terra se refresque e que os campos prosperem."[7] O afastamento e a passividade do Ser supremo são admiravelmente expressos num adágio dos gyriamas da África oriental que descreve também o seu Deus: "Mulugu (Deus) está no alto, os manes estão embaixo."[8] Os bantos dizem: "Deus, depois de ter criado o homem, já se não preocupa mais com ele." E os negrilhos repetem: "Deus afastou-se de nós!"[9] As populações Fang da pradaria da África equatorial resumem sua filosofia religiosa no seguinte cântico:

*Deus (Nzame) está no alto, o homem está embaixo.
Deus é Deus, o homem é o homem.
Cada um no seu país, cada um em sua casa*[10].

É inútil multiplicar os exemplos. Por toda parte, entre essas religiões primitivas, o Ser supremo celeste parece ter perdido a *atualidade religiosa*; está ausente do culto e, no mito, afasta-se cada vez mais dos homens, até se tornar um *deus otiosus*. Os homens, porém, lembram-se dele e imploram-lhe em última instância *quando fracassam todos os esforços com os outros deuses e deusas, antepassados e demônios*. Conforme se exprimem os oraons: "Tentamos tudo, mas ainda temos a ti para nos socorrer!" E sacrificam-lhe um galo branco, gritando: "Ó Deus! Tu és nosso criador! Tem piedade de nós!"[11].

A experiência religiosa da vida

O "afastamento divino" traduz na realidade o interesse cada vez maior do homem por suas próprias descobertas religiosas, culturais e econômicas. Interessado pelas hierofanias da Vida, em descobrir o sagrado da fecundidade terrestre e sentir-se solicitado por experiências religiosas mais "concretas" (mais carnais, até mesmo orgiásticas), o homem primitivo afasta-se do Deus celeste e transcendente. A descoberta da agricultura transforma radicalmente não somente a economia do homem primitivo mas, sobretudo, sua *economia do sagrado*. Outras forças religiosas entram em jogo: a sexualidade, a fecundidade, a mitologia da mulher e da Terra etc. A experiência religiosa torna-se mais concreta, quer dizer, mais intimamente misturada à Vida. As grandes Deusas-Mães e os Deuses fortes ou os gênios da fecundidade são claramente mais "dinâmicos" e mais acessíveis aos homens do que o era o Deus criador.

Mas, como acabamos de ver, em casos de aflição extrema, quando tudo foi tentado em vão, e sobretudo em casos de desastres provenientes do Céu – seca, tempestade, epidemia –, os homens voltam-se para o Ser supremo e imploram-lhe. Esta atitude não é exclusiva das populações primitivas. Todas as vezes que os antigos hebreus viviam uma época de paz e prosperidade econômica relativas, afastavam-se de Jeová e tornavam a aproximar-se dos Baals e das Astartes dos seus vizinhos. Só as catástrofes históricas forçavam-nos a voltarem-se para Jeová. "Então clamaram ao Eterno e disseram: pecamos porque abandonamos o Eterno e servimos Baal e Astartes; agora, pois, livramo-nos da mão de nossos inimigos, e servir-te-emos." (I, *Samuel*, 12:10)

Os hebreus voltavam-se para Jeová em conseqüência das catástrofes históricas e na iminência de um aniquilamento regido pela História; os primitivos lembram-se de seus Seres supremos em casos de catástrofes cósmicas. Mas o sentido do retorno ao Deus celeste é o mesmo para uns e para outros: numa situação extremamente crítica, em que a própria existência da coletividade está em jogo, abandonam-se as divindades que asseguram e exaltam a Vida em tempos normais, para reencontrar o Deus supremo. Trata-se, aparentemente, de um grande paradoxo: as divindades que, entre os primitivos, substituíram os deuses de estrutura celeste eram – tal como os Baals e as Astartes entre os hebreus – divindades da fecundidade, da opulência, da plenitude vital; em resumo, divindades que exaltavam e amplificavam a Vida, tanto a vida cósmica – vegetação, agricultura, gado – como a vida humana. Aparentemente, essas divindades eram fortes, *poderosas*. Sua atualidade religiosa explicava-se justamente por sua força, suas reservas vitais ilimitadas, sua fecundidade.

E, contudo, seus adoradores – primitivos ou hebreus – tinham o sentimento de que todas as grandes deusas e todos os deuses agrários eram incapazes de *salvá-los*, isto é, de lhes assegurarem a existência nos momentos realmente críticos. Esses deuses e deusas só podiam *reproduzir* a vida e *aumentá-la*, e mesmo assim só em épocas "normais"; em resumo, eram divindades que regiam admiravelmente os ritmos cósmicos, mas se revelavam incapazes de *salvar* o Cosmos ou a sociedade humana num momento de crise (crise "histórica" entre os hebreus).

As diversas divindades que substituíram os Seres supremos acumularam os poderes mais *concretos* e mais esplendorosos, os poderes da Vida. Mas, exatamente por isso, "especializaram-se" na *procriação* e perderam os poderes mais sutis, mais "nobres", mais "espirituais" dos *Deuses criadores*. Descobrindo a sacralidade da Vida, o homem deixou-se arrastar progressivamente por sua própria descoberta: abandonou-se às hierofanias vitais e afastou-se da sacralidade que transcendia suas necessidades imediatas e cotidianas.

Perenidade dos símbolos celestes

Notemos, contudo que, mesmo quando a vida religiosa já não é dominada pelos deuses celestes, as regiões siderais, o simbolismo uraniano, os mitos e os ritos de ascensão etc. *conservam um lugar preponderante na economia do sagrado*. Aquele que está "no alto", o "elevado", continua a revelar o *transcendente* em qualquer conjunto religioso. Afastado do culto, e relegado às mitologias, o céu mantém-se presente na vida religiosa por intermédio do simbolismo. E esse simbolismo celeste infunde e sustenta, por sua vez, numerosos ritos (de ascensão, de escalada, de iniciação, de realeza etc.), mitos (a Árvore cósmica, a Montanha cósmica, a cadeia das flechas que liga a Terra ao Céu etc.) e lendas (o vôo mágico etc.). O simbolismo do "Centro do Mundo" também ilustra a importância do simbolismo religioso: é num "Centro" que se efetua a comunicação com o Céu, e esta constitui a imagem exemplar da transcendência.

Poder-se-ia dizer que a própria estrutura do Cosmos conserva viva a recordação do Ser supremo celeste. Como se os deuses tivessem criado o Mundo de tal maneira *que ele não pudesse refletir-lhes a existência*; pois nenhum mundo é possível sem a verticalidade, e esta dimensão, por si só, basta para evocar a transcendência.

Retirado da vida religiosa propriamente dita, *o sagrado celeste* permanece ativo por meio do simbolismo. Um símbolo religioso transmite sua mensagem mesmo quando deixa de ser compreendido, *conscientemente*, em sua totalidade, pois um símbolo dirige-se ao ser humano integral, e não apenas à sua inteligência.

Estrutura do simbolismo aquático

Antes de falarmos da Terra, precisamos apresentar as valorizações religiosas das Águas[12], e isso por duas razões: (1) as Águas existiam antes da Terra (conforme se exprime o Gênesis, "as trevas cobriam a superfície do abismo, e o Espírito de Deus planava sobre as águas"); (2) analisando os valores religiosos das Águas, percebe-se melhor a estrutura e a função do símbolo. Ora, o simbolismo desempenha um papel considerável na vida religiosa da humanidade; graças aos símbolos, o Mundo se torna "transparente", suscetível de "revelar" a transcendência.

As águas simbolizam a soma universal das virtualidades: são *fons et origo*, o reservatório de todas as possibilidades de existência; precedem toda forma e sustentam toda criação. Uma das imagens exemplares da Criação é a Ilha que subitamente se "manifesta" no meio das vagas. Em contrapartida, a imersão na água simboliza a regressão ao pré-formal, a reintegração no modo indiferenciado da preexistência. A emersão repete o gesto cosmogônico da manifestação formal; a imersão equivale a uma dissolução das formas. É por isso que o simbolismo das Águas implica tanto a morte como o renascimento. O contato com a água comporta sempre uma regeneração: por um lado, porque a dissolução é seguida de um "novo nascimento"; por outro lado, porque a imersão fertiliza e multiplica o potencial da vida. À cosmogonia aquática correspondem, ao nível antropológico, as hilogenias: a crença segundo a qual o genêro humano nasceu das Águas. Ao dilúvio ou à submersão periódica dos continentes (mitos do tipo "Atlântida") corresponde, ao nível humano, a "segunda morte" do homem (a "umidade" e *leimon* dos Infernos etc.), ou a morte iniciática pelo batismo. Mas, tanto no plano cosmológico como no plano antropológico, a imersão nas Águas equivale não a uma extinção definitiva, e sim a uma reintegração passageira no indistinto, seguida de uma criação, de uma nova vida ou de um "homem novo", conforme se trate de um momento cósmico, biológico ou soteriológico. Do ponto de vista da estrutura, o "dilúvio" é comparável ao "batismo", e a libação funerária às lustrações dos recém-nascidos ou aos banhos rituais primaveris que trazem saúde e fertilidade.

Em qualquer conjunto religioso em que as encontremos, as águas conservam invariavelmente sua função: desintegram, abolem as formas, "lavam os pecados", purificam e, ao mesmo tempo, regeneram. Seu destino é preceder a Criação e reabsorvê-la, incapazes que são de ultrapassar seu próprio modo de ser, ou seja, de se manifestarem em *formas*. As Águas não podem transcender a condição do virtual, de germes e latências. Tudo o que é *forma* se manifesta por cima das Águas, destacando-se delas.

Há aqui um aspecto essencial: a sacralidade das Águas e a estrutura das cosmogonias e dos apocalipses aquáticos *não poderiam ser reveladas integralmente senão por meio do simbolismo aquático*, que é o único "sistema" capaz de integrar todas as revelações particulares das inúmeras hierofanias[13]. Esta lei é, de resto, a de todo simbolismo: é o *conjunto* simbólico que valoriza os diversos significados das hierofanias. As "Águas da Morte", por exemplo, só revelam seu sentido profundo quando se conhece a estrutura do simbolismo aquático.

História exemplar do batismo

Os padres da Igreja não deixaram de explorar certos valores pré-cristãos e universais do simbolismo aquático, com o risco de os enriquecerem de significados novos, relativamente à existência histórica do Cristo. Para Tertuliano (*De Baptismo* III-V), a água foi a primeira "sede do Espírito divino, que a preferia então a todos os outros elementos... Foi a água a primeira que produziu o que tem vida, a fim de que nosso espanto cessasse quando ela gerasse um dia a vida no batismo... Toda água natural adquire, pois, pela antiga prerrogativa com que foi honrada em sua origem, a virtude da santificação no sacramento, se Deus for invocado sobre ela. Logo que se pronunciam as palavras, o Espírito Santo, descido dos Céus, pára sobre as águas, que ele santifica com sua fecundidade; as águas assim santificadas impregnam-se, por sua vez, da virtude santificadora... O que outrora curava o corpo cura hoje a alma; o que trazia a saúde no Tempo traz a salvação na eternidade..."

O "homem velho" morre por imersão na água e dá nascimento a um novo ser regenerado. Este simbolismo é admiravelmente expresso por João Crisóstomo (*Homil. in Joh.*, XXV, 2), que, falando da multivalência simbólica do batismo, escreve: "Ele representa a morte e a sepultura, a vida e a ressurreição... Quando mergulhamos a cabeça na água como num sepulcro, o homem velho fica imerso, enterrado inteiramente; quando saímos da água, aparece imediatamente o homem novo."

Como se vê, as interpretações de Tertuliano e João Crisóstomo harmonizam-se perfeitamente com a estrutura do simbolismo aquático. *Intervêm, contudo, na valorização cristã das águas certos elementos novos ligados a uma "história", neste caso a História sagrada.* Há, antes de tudo, a valorização do batismo como descida ao abismo das Águas para um duelo com o monstro marinho. Esta descida tem um modelo: o do Cristo no Jordão, que era ao mesmo tempo uma descida nas Águas da Morte. Conforme escreve Cirilo de Jerusalém, "o dragão Behemoth, segundo Jó, estava nas Águas e recebia o Jordão em sua garganta. Ora, como era preciso esmagar as cabeças do dragão, Jesus, tendo descido nas Águas, atacou a fortaleza para que adquiríssemos o poder de caminhar sobre os escorpiões e as serpentes"[14].

Vem, em seguida, a valorização do batismo como repetição do dilúvio. Segundo Justino, o Cristo, novo Noé, saiu vitorioso das Águas e tornou-se o chefe de uma outra raça. O dilúvio simboliza tanto a descida às profundezas marinhas como o batismo. "O dilúvio era, pois, uma imagem que o batismo acabava de consumar... Assim como Noé havia afrontado o mar da Morte, onde a humanidade pecadora tinha sido aniquilada e do qual emergira, também aquele que se batiza desce na piscina batismal para afrontar o dragão do mar num combate supremo e sair dele vencedor."[15]

Mas, ainda acerca do rito batismal, estabeleceu-se também um paralelo entre o Cristo e Adão. O paralelo Adão-Cristo assume um lugar considerável já na teologia de S. Paulo. "Pelo batismo", afirma Tertuliano, "o homem recupera a semelhança com Deus." (*De Bapt.*, V.) Para Cirilo, "o batismo não é somente purificação dos pecados e graça da adoção, mas também *antitypos* da Paixão de Cristo". Também a nudez batismal encerra, ao mesmo tempo, um significado ritual e metafísico: o abandono da "antiga veste de corrupção e pecado da qual o batizado se despoja por Cristo, aquela com que Adão se cobriu depois do pecado"[16], mas igualmente o retorno à inocência primitiva, condição de Adão antes da queda. "Ó coisa admirável", escreve Cirilo. "Vós estáveis nus aos olhos de todos e não vos envergonhastes disso. É que em verdade trazeis em vós a imagem do primeiro Adão, que no Paraíso se encontrava nu e não se envergonhava."[17]

Nesses poucos textos, podemos perceber o sentido das inovações cristãs: por um lado, os padres procuravam correspondência entre os dois testamentos; por outro lado, mostravam que Jesus Cristo tinha cumprido realmente as promessas feitas por Deus ao povo de Israel. Mas é importante observar *que essas novas valorizações do simbolismo batismal não contradiziam o simbolismo aquático universalmente difundido*. Tudo se reencontra ali: Noé e o Dilúvio tiveram como recíproco, em inúmeras tradições, o cataclismo que pôs fim a uma "humanidade" ("sociedade"), à exceção de um único homem, que se tornou o Antepassado mítico de uma nova humanidade. As "Águas da Morte" são um *leitmotiv* das mitologias paleorientais, asiáticas e oceânicas. A Água "mata" por excelência: dissolve, abole toda forma. É justamente por isso que é rica em "germes", criadora. O simbolismo da nudez batismal já não é o privilégio da tradição judaico-cristã. A nudez ritual equivale à integridade e à plenitude; o "Paraíso" implica a ausência das "vestes", quer dizer, a ausência do "uso" (imagem arquetípica do Tempo). Toda nudez ritual implica um modelo atemporal, uma imagem paradisíaca.

Os monstros do abismo são encontrados também em numerosas tradições: os heróis, os iniciados, descem ao fundo do abismo a fim de afrontarem os monstros marinhos; é uma prova tipicamente iniciática. Evidentemente, a história das religiões está cheia de variantes: às vezes os dragões montam guarda em volta de um "tesouro", imagem sensível do sagrado, da realidade absoluta; a vitória ritual (iniciática) contra o monstro-guardião equivale à conquista da imortalidade[18]. Para o cristão, o batismo é um sacramento, pois foi instituído pelo Cristo. Mas nem por isso deixa de equivaler ao ritual iniciático da prova (luta contra o monstro), da morte e da ressurreição simbólicas (o nascimento do homem novo). Não queremos dizer com isso que o judaísmo e o cristianismo "tomaram de empréstimo" tais mitos e símbolos às religiões dos povos vizinhos; não era necessário; pois o judaísmo era herdeiro de uma pré-história e de uma longa história religiosas onde todos esses elementos já existiam. Nem sequer foi preciso que o judaísmo mantivesse "desperto" esse ou aquele símbolo, na sua integridade. Bastou que um grupo de imagens sobrevivesse, ainda que obscuramente, desde os tempos pré-mosaicos. Tais imagens e símbolos eram capazes de recobrar, a qualquer momento, uma poderosa atualidade religiosa.

Universalidade dos símbolos

Alguns padres da Igreja primitiva moderaram o interesse da correspondência entre os símbolos propostos pelo cristianismo e os símbolos que são patrimônio comum da humanidade. Perante aqueles que negavam a ressurreição dos mortos, Teófilo de Antioquia apelava para os indícios (*tekhméria*) que Deus colocara ao alcance deles nos grandes ritmos cósmicos: as estações, os dias e as noites. Escrevia: "Não há uma ressurreição para as sementes e para os frutos?" Para Clemente de Roma, "o dia e a noite mostram-nos a ressurreição; a noite deita-se, o dia levanta-se; o dia se vai, a noite chega"[19].

Para os apologetas cristãos, os símbolos estavam carregados de mensagens: *mostravam* o sagrado por meio dos ritmos cósmicos. A revelação trazida pela fé não destruiu os significados pré-cristãos dos símbolos: apenas adicionou-lhes um valor novo. É certo que, para o crente, o novo significado eclipsou os outros: só ele valorizava o símbolo, transfigurava-o em revelação. Era a ressurreição do Cristo que importava, não os "indícios" que se podiam ler na vida cósmica. Contudo, subsistia o fato *de que a nova orientação era, de certo modo, condicionada pela própria estrutura do simbolismo*; poder-se-ia dizer até mesmo que o símbolo aquático esperava a realização de seu sentido profundo pelos novos valores trazidos pelo cristianismo.

A fé cristã está suspensa de uma revelação *histórica*: é a encarnação de Deus no tempo histórico que assegura, aos olhos do cristão, a validade dos símbolos. Mas o simbolismo aquático universal não foi abolido nem desarticulado pelas interpretações históricas (judaico-cristãs) do simbolismo batismal. Em outras palavras, a História não conseguiu modificar radicalmente a estrututra de um simbolismo arcaico. A História acrescenta continuamente significados novos, mas estes não destroem a estrutura do símbolo.

É fácil compreender isto quando se leva em conta o fato de que, para o homem religioso, o Mundo apresenta sempre uma valência supranatural, quer dizer, revela uma modalidade do sagrado. Todo fragmento cósmico é "transparente": seu próprio modo de existência mostra uma estrutura particular do Ser e, por conseqüência, do sagrado. Não se deve esquecer que, para o homem religioso, a sacralidade é uma manifestação completa do Ser. As revelações da sacralidade cósmica são, de certo modo, revelações primordiais, pois tiveram lugar no mais longínquo passado religioso da humanidade e conseguiram resistir às inovações introduzidas posteriormente pela História.

Terra Mater

O profeta indiano Smohalla, da tribo Unatilla, recusava-se a trabalhar a terra. "É um pecado", dizia, "ferir ou cortar, rasgar ou arranhar nossa mãe comum com trabalhos agrícolas." E acrescentava: "Vós pedis-me que trabalhe o solo? Iria eu pegar uma faca e cravá-la no seio de minha mãe? Mas então, quando eu já estiver morto, ela não me acolherá mais em seu seio. Pedis-me que cave e desenterre pedras? Iria eu mutilar-lhe as carnes a fim de chegar a seus ossos? Mas então já não poderei entrar em seu corpo para nascer de novo. Pedis-me que corte a erva e o feno, e que o venda, e que enriqueça como os brancos? Mas como ousaria eu cortar a cabeleira de minha mãe?"[20]

Essas palavras foram pronunciadas há apenas meio século, mas chegam até nós de muito longe. A emoção que se sente ao ouvi-las decorre sobretudo de que elas nos revelam, com um frescor e uma espontaneidade incomparáveis, a imagem primordial da Terra-Mãe. Encontra-se esta imagem em todas as partes do mundo, sob inúmeras formas e variantes. É a *Terra Mater* ou a *Tellus Mater*, bem conhecida das religiões mediterrânicas, que dá nascimento a todos os seres. "É a Terra que cantarei", lê-se no hino homérico *À Terra*, "mãe universal de sólidas bases, avó venerável que nutre em seu solo tudo o que existe... É a ti que pertence o dar a vida aos mortais, bem como o tomá-la de volta..." E nas *Coéforas* Ésquilo glorifica a Terra, que "dá à luz todos os seres, nutre-os e depois recebe deles de novo o germe fecundo".

O profeta Smohalla não nos diz de que maneira nasceram os homens da Mãe telúrica, mas os mitos americanos revelam-nos como se passaram as coisas na origem, *in illo tempore*: os primeiros homens viveram certo tempo no seio de sua mãe, isto é, no fundo da Terra, em suas entranhas. Lá, nas profundezas telúricas, levavam uma vida meio-humana: eram de certo modo embriões ainda imperfeitamente formados. É, pelo menos, o que afirmam os índios lenni lenape ou delaware, que habitavam outrora a Pensilvânia; segundo seus mitos, o Criador, embora já tivesse preparado para eles, na superfície da Terra, todas as coisas de que gozam atualmente, tinha decidido que os homens ficariam ainda algum tempo escondidos no ventre de sua Mãe telúrica, para que se desenvolvessem melhor, para que amadurecessem. Outros mitos ameríndios falam de um tempo antigo em que a Terra-Mãe produzia os homens da mesma maneira como produz, em nossos dias, os arbustos e os caniços[21].

A crença de que os homens foram paridos pela Terra espalhou-se universalmente[22]. Em várias línguas o homem é designado como aquele que "nasceu da Terra". Crê-se que as crianças "vêm" do fundo da Terra, das cavernas, das grutas, das fendas, mas também dos mares, das fontes, dos rios. Sob a forma de lenda, superstição ou simplesmente metáfora, crenças similares sobrevivem ainda na Europa. Cada região, e quase cada cidade e aldeia, conhece um rochedo ou uma fonte que "trazem" as crianças: são os *Kinderbrunnen*, *Kinderteiche*, *Bubenquellen* etc. Até entre os europeus de nossos dias sobrevive o sentimento obscuro de uma solidariedade mística com a Terra natal. É a experiência religiosa da autoctonia: as pessoas sentem-se *gente do lugar*. E este sentimento de estrutura cósmica ultrapassa em muito a solidariedade familiar e ancestral.

Ao morrer, deseja-se reencontrar a Terra-Mãe, ser enterrado no solo natal. "Rasteja para a Terra, tua mãe!", diz o *Rig Veda* (X, 18, 10). "Tu, que és terra, deito-te na Terra", está escrito no *Atharva Veda* (XVIII, 4, 48). "Que a carne e os ossos voltem à Terra!", pronuncia-se durante as cerimônias funerárias chinesas. As inscrições sepulcrais romanas trazem o medo de ter as cinzas enterradas em outros lugares, e, sobretudo, a alegria de reintegrá-las à pátria: *hic natus hic situs est* (CIL, V, 5595: "aqui nasceu, aqui foi colocado"): *hic situs est patriae* (VIII, 2885); *hic quo natus fuerat optans erat illo reverti* (V, 1703: "lá onde nasceu, para lá desejou regressar").

Humi positio: *deposição da criança no solo*

Esta experiência fundamental – de que a mãe humana é apenas a representante da Grande Mãe telúrica – deu lugar a inúmeros costumes. Lembremos, por exemplo, o parto no chão (a *humi positio*), ritual que se encontra, pelo menos em parte, em todos os lados do mundo, da Austrália à China, da África à América do Sul. Entre os gregos e os romanos, o costume desaparecera na idade histórica, mas é possível que tenha existido num passado mais longínquo: certas estátuas das deusas do nascimento (Eileithya, Damia, Auxeia) representam-nas de joelhos, exatamente na posição da mulher que dá à luz no solo. Em textos demóticos egípcios, a expressão "sentar-se no chão" significava "parir" ou "parto"[23].

É fácil compreender o sentido religioso desse costume: *a geração e o parto são versões microcósmicas de um ato exemplar realizado pela Terra*; a mãe humana não faz mais do que imitar e repetir este ato primordial da aparição da Vida no seio da Terra. Por isso, a mãe humana deve colocar-se em contato direto com a Grande Mãe, a fim de se deixar guiar por ela na realização do grande mistério que é o nascimento de uma vida, para receber dela as energias benéficas e encontrar aí a proteção maternal.

O costume de depor o recém-nascido no solo é ainda mais difundido. Em certos países da Europa ainda se costuma, hoje em dia, colocar a criança no chão, logo que esteja lavada e enfaixada. Em seguida, a criança é erguida pelo pai (*de terra tollere*) em sinal de reconhecimento. Na China antiga, "o moribundo, como o recém-nascido, é deposto no solo... Para nascer ou morrer, para entrar na família viva ou na família ancestral (e para sair de uma ou outra) há um limiar comum, a Terra natal... Quando se coloca sobre a Terra o recém-nascido ou o moribundo, é a ela que cabe dizer se o nascimento ou a morte são válidos, se é necessário tomá-los como fatos consumados e regulares... O rito da deposição na Terra implica a idéia de uma identidade substancial entre a Raça e o Solo. Essa idéia traduz-se, com efeito, pelo sentimento de autoctonia – o mais vivo que se pode captar nos primórdios da história chinesa. A idéia de uma aliança estreita entre uma região e seus habitantes é uma crença tão profunda que permaneceu no coração das instituições religiosas e do direito público"[24].

Da mesma forma que a criança é colocada no chão logo após o parto, a fim de que sua verdadeira Mãe a legitime e lhe assegure uma proteção divina, também os moribundos – crianças e adultos – são depostos na terra. *Este rito equivale a um novo nascimento*. O enterro simbólico, parcial ou total, tem o mesmo valor mágico-religioso que a imersão na água, o batismo. O doente regenera-se com esse ato: nasce de novo. A operação tem a mesma eficácia quando se trata de apagar uma falta grave ou curar uma doença do espírito (e esta última apresenta, para a coletividade, o mesmo perigo que o crime ou a doença somática). O pecador é colocado num tonel ou numa fossa aberta na terra, e quando ele sai diz-se que "nasceu uma segunda vez, do seio de sua mãe". É por isso que, entre os escandinavos, se acredita que uma feiticeira pode ser salva da danação eterna se for enterrada viva e, sobre ela, semearem-se cereais, ceifando-se a colheita assim obtida[25].

A iniciação comporta uma morte e uma ressurreição rituais. Assim, entre vários povos primitivos, o neófito é simbolicamente "morto", enterrado numa fossa e coberto com folhagem. Quando se levanta do túmulo, é considerado um *homem novo*, pois foi parido pela segunda vez, e *diretamente pela Mãe cósmica*.

A mulher, a terra e a fecundidade

A mulher relaciona-se, pois, misticamente com a Terra; o dar à luz é uma variante, em escala humana, da fertilidade telúrica. Todas as experiências religiosas relacionadas com a fecundidade e o nascimento *têm uma es-*

trutura cósmica. A sacralidade da mulher depende da santidade da Terra. A fecundidade feminina tem um modelo cósmico: o da *Terra Mater*, da Mãe universal.

Em algumas religiões acredita-se que a Terra-Mãe é capaz de conceber sozinha, sem o auxílio de um companheiro. Encontram-se ainda os traços dessas idéias arcaicas nos mitos de partenogênese das deusas mediterrânicas. Segundo Hesíodo, Gea (a Terra) pariu Uranos, "um ser igual a ela, capaz de cobri-la inteiramente" (*Teogonia*, 126 ss.). Outras deusas gregas também geraram sem a ajuda dos deuses. É uma expressão mítica da auto-suficiência e da fecundidade da Terra-Mãe. A tais concepções míticas correspondem as crenças relativas à fecundidade espontânea da mulher e a seus poderes mágico-religiosos ocultos, que exercem uma influência decisiva na vida das plantas. O fenômeno social e cultural conhecido como matriarcado está ligado à descoberta da agricultura pela mulher. Foi a mulher a primeira a cultivar as plantas alimentares. Foi ela que, naturalmente, se tornou proprietária do solo e das colheitas[26]. O prestígio mágico-religioso e, conseqüentemente, o predomínio social da mulher têm um modelo cósmico: a figura da Terra-Mãe.

Em outras religiões, a criação cósmica, ou pelo menos sua realização, é o resultado de uma hierogamia entre o Deus-Céu e a Terra-Mãe. Este mito cosmogônico, bastante difundido, é encontrado sobretudo na Oceania – da Indonésia à Micronésia –, mas também na Ásia, na África e nas duas Américas[27]. Ora, como vimos, o mito cosmogônico é o mito exemplar por excelência: serve de modelo ao comportamento dos homens. É por isso que o casamento humano é considerado uma imitação da hierogamia cósmica. "Eu sou o Céu", proclama o marido na *Brhadâranyaka Upanishad* (VI, 4, 20), "tu és a Terra!" Já no *Atharva Veda* (XIV, 2, 71) o marido e a mulher são assimilados ao Céu e à Terra. Dido celebra seu casamento com Enéias no meio de uma violenta tempestade (*Eneida*, IV, 165 ss.); a união deles coincide com a dos elementos; o Céu abraça sua esposa distribuindo a chuva fertilizante. Na Grécia, os ritos matrimoniais imitavam o exemplo de Zeus unindo-se secretamente com Hera (Pausânias, II, 36, 2). Como era de esperar, o mito divino é o modelo exemplar da união humana. Mas há um outro aspecto importante: *a estrutura cósmica do ritual conjugal* e do comportamento sexual dos seres humanos. Para o homem não-religioso das sociedades modernas, é difícil apreender essa dimensão *cósmica* e ao mesmo tempo *sagrada* da união conjugal. Mas, como já dissemos várias vezes, não se pode esquecer que, para o homem religioso das sociedades arcaicas, o Mundo se apresenta carregado de mensagens. Por vezes, essa mensagens são cifradas, mas os mitos estão lá para ajudar o homem a decifrá-las. Conforme teremos ocasião de ver, a experiência humana, na sua totalidade, é suscetível de ser igualada à Vida cósmica e, conseqüentemente, de ser santificada, pois o Cosmos é a suprema criação dos deuses.

A orgia ritual em favor das colheitas também tem um modelo divino: a hierogamia do deus fecundador com a Terra-Mãe[28]. A fertilidade agrária é estimulada por um frenesi genésico ilimitado. De certo ponto de vista, a orgia corresponde à indiferenciação de antes da Criação. É por isso que certos cerimoniais do Ano-Novo comportam rituais orgiásticos: a "confusão" social, a libertinagem e as saturnais simbolizam a regressão ao estado amorfo anterior à Criação do Mundo. Quando se trata de uma "criação" ao nível da vida vegetal, a encenação cosmológico-ritual se repete, pois a nova colheita equivale a uma nova "Criação". A idéia de *renovação* – presente nos rituais do Ano Novo, em que se tratava ao mesmo tempo de renovação do Tempo e da regeneração do Mundo – é encontrada novamente nas encenações orgiásticas agrárias. Aqui também a orgia é uma regressão à Noite cósmica, ao pré-formal, às "Águas", a fim de assegurar a regeneração total da Vida e, por conseqüência, a fertilidade da Terra e a opulência das colheitas.

Simbolismo da árvore cósmica e cultos da vegetação

Como acabamos de ver, os mitos e os ritos da Terra-Mãe exprimem sobretudo as idéias de fecundidade e riqueza. Trata-se de idéias religiosas, pois os múltiplos aspectos da fertilidade universal revelam, em suma, o mistério da geração, da criação da Vida. Ora, a aparição da Vida é, para o homem religioso, o mistério central do Mundo. A Vida "vem" de qualquer parte que não é este mundo e, finalmente, retira-se daqui de baixo e "vai-se" para o além, prolongando-se de maneira misteriosa num lugar desconhecido, inacessível à maior parte dos vivos. A vida humana não é sentida como uma breve aparição no Tempo, entre dois Nadas; é precedida de uma preexistência e prolonga-se numa pós-existência. Muito pouco se conhece acerca desses dois estágios extraterrestres da Vida humana, mas sabe-se pelo menos que eles existem. Para o homem religioso, portanto, a morte não põe um termo definitivo à vida: a morte não é mais do que uma outra modalidade da existência humana.

Tudo isto, aliás, está "cifrado" nos ritmos cósmicos: basta que se decifre o que o Cosmos "diz" por seus múltiplos modos de ser para se compreender o mistério da Vida. Ora, uma coisa parece evidente: o Cosmos é um organismo vivo, que se renova periodicamente. O mistério da inesgotável aparição da Vida corresponde à renovação rítmica do Cosmos. É por essa razão que o Cosmos foi imaginado sob a forma de uma árvore gigante: o modo de ser do Cosmos, e sobretudo sua capacidade infinita de se regenerar, é expresso simbolicamente pela vida da árvore.

É preciso notar, porém, que não se trata de uma simples transposição de imagens da escala microcósmica para a escala macroscósmica. Como "objeto natural", a árvore não podia sugerir *a totalidade da Vida cósmica*: ao nível da experiência profana, seu modo de ser não abrange o modo de ser do Cosmos em toda a sua complexidade. Ao nível da experiência profana, a vida vegetal revela apenas uma seqüência de "nascimentos" e "mortes". É a visão religiosa da Vida que permite "decifrar" outros significados no ritmo da vegetação, principalmente as idéias de regeneração, de eterna juventude, de saúde, de imortalidade. A idéia religiosa da *realidade absoluta* é simbolicamente expressa, entre tantas outras imagens, pela figura de um "fruto miraculoso" que confere, ao mesmo tempo, imortalidade, onisciência e onipotência e que é capaz de transformar os homens em deuses.

A imagem da árvore não foi escolhida unicamente para simbolizar o Cosmos, mas também para exprimir a Vida, a juventude, a imortalidade, a sapiência. Além das árvores cósmicas, como Yggdrasil, da mitologia germânica, a história das religiões conhece Árvores da Vida (Mesopotâmia), da Imortalidade (Ásia, Antigo Testamento), da Sabedoria (Antigo Testamento), da Juventude (Mesopotâmia, Índia, Irã) etc.[29] Em outras palavras, a árvore conseguiu exprimir tudo o que o homem religioso considera *real e sagrado por excelência*, tudo o que ele sabe que os deuses possuem por sua própria natureza e que só raramente é acessível aos indivíduos privilegiados, os heróis e semideuses. É por isso que os mitos da busca da imortalidade ou da juventude ostentam uma árvore de frutos de ouro ou de folhagem miraculosa, que se encontra "num país longínquo" (na realidade, no outro mundo) e que é guardada por monstros (grifos, dragões, serpentes). Aquele que deseja colher os frutos deve lutar com o monstro guardião e matá-lo, ou seja, submeter-se a uma *prova iniciática de tipo heróico*: o vencedor obtém "pela violência" a condição sobre-humana, quase divina, da eterna juventude, da invencibilidade e da onipotência.

É nesses símbolos de uma Árvore cósmica, ou da Imortalidade ou da Ciência, que se exprimem com o máximo de força e clareza as valências religiosas da vegetação. Em outras palavras, a árvore sagrada ou as plantas sagradas revelam uma estrutura que não é evidente nas diversas espécies vegetais concretas. Conforme já salientamos, é a sacralidade que desvenda as estruturas mais profundas do Mundo. O Cosmos só se apresenta como uma "cifra" segundo uma perspectiva religiosa. É para o homem religioso que os ritmos da vegetação revelam o mistério da Vida e da Criação, e também da renovação, da juventude e da imortalidade. Poder-se-ia dizer que todas as árvores e plantas consideradas sagradas (por exemplo, o arbusto *ashvatha*, na Índia) devem sua condição privilegiada ao fato de encarnarem o arquétipo, a imagem exemplar da vegetação. Por outro lado, é o valor religioso que faz que uma planta seja cuidada e cultivada. Segundo alguns autores, todas as plantas cultivadas atualmente foram consideradas na origem plantas sagradas[30].

Aquilo que se chama de cultos de vegetação não depende de uma experiência profana, "naturista", em relação, por exemplo, com a primavera e a renovação da vegetação. É, pelo contrário, a experiência religiosa da renovação (recomeço, recriação) do Mundo que precede e justifica a valorização da primavera como ressurreição da Natureza. É o Mistério da regeneração periódica do Cosmos que fundou a importância religiosa da primavera. Aliás, nos cultos da vegetação, nem sempre é o fenômeno natural da primavera e da aparição da vegetação que importa, mas o *sinal* prenunciador do mistério cósmico. Grupos de jovens visitam cerimonialmente as casas da aldeia e *mostram* um ramo verde, um ramalhete de flores, uma ave[31]. É *o sinal da ressurreição iminente da vida vegetal*, o testemunho de que o mistério se realizou, que a primavera não tardará a vir. A maior parte desses rituais tem lugar *antes* do "fenômeno natural" da primavera.

Dessacralização da natureza

Já dissemos que, para o homem religioso, a Natureza nunca é exclusivamente "natural". A experiência de uma Natureza radicalmente dessacralizada é uma descoberta recente, acessível apenas a uma minoria das sociedades modernas, sobretudo aos homens de ciência. Para o resto das pessoas, a Natureza apresenta ainda um "encanto", um "mistério", uma "majestade", onde se podem decifrar os traços dos antigos valores religiosos. Não há homem moderno, seja qual for o grau de sua irreligiosidade, que não seja sensível aos "encantos" da Natureza. Não se trata unicamente dos valores estéticos, desportivos ou higiênicos concedidos à Natureza, mas também de um sentimento confuso e difícil de definir, no qual ainda se reconhece a recordação de uma experiência religiosa degradada.

Será interessante mostrar, com a ajuda de um exemplo preciso, as modificações e a deterioração dos valores religiosos da Natureza. Procuramos este exemplo na China, e isso por duas razões: 1) na China, como no Ocidente, a dessacralização da Natureza é obra de uma minoria, principalmente de letrados; (2) contudo, na China, como em todo o Extremo Oriente, esse processo de dessacralização nunca foi totalmente levado a cabo. A "contemplação estética" da Natureza conserva ainda, mesmo para os letrados mais sofisticados, um prestígio religioso.

Sabe-se que, a partir do século XVII, a decoração dos jardins com lagos tornou-se moda entre os letrados chineses[32]. Eram lagos no meio dos quais se erguiam alguns rochedos com árvores anãs, flores e, muitas vezes, modelos em miniatura de casas, pagodes, pontes e figuras humanas; chamavam-lhes "Montanhas em miniatura", em anamita, ou "Montanha artificial" em sino-anamita. Notemos que até os nomes trazem um significado cosmológico: a Montanha, conforme vimos, é um símbolo do Universo.

Mas esses jardins em miniatura, que se tornaram objeto de predileção para os estetas, tinham uma longa história, até mesmo uma pré-história, na qual se revela um profundo sentimento religioso do mundo. Os antecedentes eram os lagos cuja água perfumada representava o Mar e cuja cobertura sobrelevada figurava a Montanha. *A estrutura cósmica desses objetos é evidente*. O elemento místico também estava presente, pois a Montanha no meio do Mar simbolizava as Ilhas dos Bem-Aventurados, espécie de Paraíso onde viviam os imortais taoístas. Trata-se, pois, de *um mundo à parte*, um mundo em miniatura, que as pessoas instalavam em suas casas, em seus lares, para participar das forças místicas ali concentradas, de *restabelecer, pela meditação, a harmonia com o Mundo*. A Montanha era ornada de grutas, e o folclore das grutas desempenhou um papel importante na construção dos jardins em miniatura. As grutas são retiros secretos, morada dos Imortais taoístas e local das iniciações. Representam um mundo paradisíaco, e por esta razão sua entrada é difícil (simbolismo da "porta estreita", do qual voltaremos a falar no capítulo seguinte).

Mas todo este complexo – água, árvores, montanha, gruta –, que desempenhara um papel tão grande no taoísmo, não era mais do que o desenvolvimento de uma idéia religiosa ainda mais antiga: a do *local perfeito*, quer dizer, *completo* – compreendendo um monte e um lago – e *retirado*. Local perfeito, pois ao mesmo tempo mundo em miniatura e Paraíso, fonte de beatitude e lugar de Imortalidade. Ora, a paisagem perfeita – monte e lago – era o "lugar santo" imemorial, onde na China, todas as primaveras, rapazes e moças se encontravam para entoar cantos rituais alternados e para jogos amorosos. Adivinham-se facilmente as valorizações sucessivas desse "lugar santo" primordial. Nos tempos mais antigos, era um espaço privilegiado, mundo fechado, santificado, onde rapazes e moças se reuniam periodicamente para participar dos mistérios da Vida e da fecundidade cósmica. Os taoístas retomaram o esquema cosmológico arcaico – monte e lago – e elaboraram um complexo mais rico (montanha, lago, gruta, árvores), reduzido a uma escala menor: um universo paradisíaco em miniatura, carregado de forças místicas, pois retirado do mundo profano, e junto do qual os taoístas se recolhiam e meditavam.

A santidade do mundo fechado revela-se ainda nos lagos com água perfumada e cobertura que simbolizam o Mar e as Ilhas dos Bem-Aventurados. Este complexo servia também para a meditação, tal qual, no começo, os jardins em miniatura, antes que a moda dos letrados se apoderasse deles, no século XVII, para transformá-los em "objetos de arte".

É preciso enfatizar, porém, que jamais assistimos a uma total dessacralização do mundo, pois, no Extremo Oriente, o que se chama "emoção estética" conserva ainda, mesmo entre os letrados, uma dimensão religiosa. Mas o exemplo dos jardins em miniatura mostra-nos em que sentido e por que meios se opera a dessacralização do mundo. Basta que imaginemos o que uma emoção estética dessa ordem pode tornar-se numa sociedade moderna para compreendermos como a experiência da santidade cósmica pode rarefazer-se e transformar-se até se tornar uma emoção unicamente humana: por exemplo, a da arte pela arte.

Outras hierofanias cósmicas

Visto que era preciso que nos limitássemos, falamos aqui de apenas alguns aspectos da sacralidade da Natureza, e tivemos de omitir um número considerável de hierofanias cósmicas. Assim, por exemplo, não pudemos falar dos símbolos e cultos solares ou lunares, nem do significado religioso das pedras e do papel religioso dos animais etc. Cada um desses grupos de hierofanias cósmicas revela uma estrutura particular da sacralidade da Natureza; ou, mais exatamente, uma modalidade do sagrado expressa por meio de um modo específico de existência no Cosmos. Basta, por exemplo, analisar os diversos valores religiosos atribuídos às pedras, para que se compreenda o que as pedras, *como hierofanias*, podem *revelar* aos homens: o poder, a firmeza, a permanência. A hierofania da pedra é uma ontofania por excelência: antes de tudo, a pedra é, mantém-se sempre a mesma, não muda – e *impressiona* o homem pelo que tem de irredutível e absoluto, desvendando-lhe, por analogia, a irredutibilidade e o absoluto do Ser. Captado graças a uma experiência religiosa, o modo específico de existência da pedra revela ao homem o que é uma *existência absoluta*, para além do Tempo, invulnerável ao devir[33].

Do mesmo modo, uma análise rápida das múltiplas e variadas valorizações religiosas da Lua apresenta-nos tudo o que os homens decifraram nos ritmos lunares. Graças às fases da Lua – quer dizer, ao seu "nascimento", "morte" e "ressurreição" –, os homens tomaram consciência de seu próprio modo de ser no Cosmos e de suas possibilidades de sobrevivência ou renascimento. Graças ao simbolismo lunar, o homem religioso conseguiu aproximar amplos conjuntos de fatos, sem relação aparente entre si, e finalmente integrá-los num único "sistema". É mesmo provável que a valorização religiosa dos ritmos lunares tenha possibilitado a realização das primeiras grandes sínteses antropocósmicas dos primitivos. Graças ao simbolismo lunar, foi possível relacionar e estabelecer correspondências entre fatos tão heterogêneos como o nascimento, o devir, a morte, a ressurreição; as Águas, as plantas, a mulher, a fecundidade, a imortalidade; as trevas cósmicas, a vida pré-natal e a existência além-túmulo, seguida de um renascimento de tipo lunar ("luz saindo das trevas"); a tecelagem, o símbolo do "fio da Vida", o destino, a temporalidade, a morte etc. Em geral, a maior parte das idéias de ciclo, dualismo, polaridade, oposição, conflito, mas também de reconciliação dos contrários, de *coincidentia oppositorum*, foram descobertas e precisadas graças ao simbolismo lunar. Pode-se falar de uma metafísica da Lua, no sentido de um sistema coerente de "verdades" relativas ao modo de ser específico dos vivos, a tudo o que, no Cosmos, participa da Vida, quer dizer, do devir, do crescimento e do decrescimento, da "morte" e da "ressurreição". Pois não se pode esquecer que a Lua revela ao homem religioso não somente a ligação indissolúvel entre a Morte e a Vida, mas também, e sobretudo, *que a Morte não é definitiva, que é sempre seguida de um novo nascimento*[34].

A Lua valoriza religiosamente o devir cósmico e reconcilia o homem com a Morte. O Sol, ao contrário, revela um outro modo de existência: não participa do devir; embora em constante movimento, o Sol permanece imutável, sua forma é sempre a mesma. As hierofanias solares traduzem os valores religiosos da autonomia e da força, da soberania, da inteligência. É por isso que, em algumas culturas, assistimos a um processo de solarização dos Seres supremos. Como vimos, os deuses celestes tendem a desaparecer da atualidade religiosa, mas em certos casos sua estrutura e seu prestígio sobrevivem ainda nos deuses solares – sobretudo nas civilizações altamente elaboradas, que desempenharam um papel histórico importante (Egito, Oriente helenístico, México).

Um grande número de mitologias heróicas é de estrutura solar. O herói é assimilado ao Sol; como este, o herói luta contra as trevas, desce ao reino da Morte e sai vitorioso. Aqui, as trevas já não são, como nas mitologias lunares, um dos modos de ser da divindade, simbolizando, ao contrário, tudo o que Deus *não é*, portanto o Adversário por excelência. As trevas já não são valorizadas como uma fase necessária à Vida cósmica; da perspectiva da religião solar, as trevas opõem-se à Vida, às formas e à inteligência. As epifanias luminosas dos deuses solares tornam-se, em certas culturas, o sinal da inteligência. A assimilação *Sol* e *inteligência* chegou a tal ponto que as teologias solares e sincretistas do fim da Antiguidade se transformaram em filosofias nacionalistas: o Sol é proclamado a inteligência do Mundo, e Macróbio identifica no Sol todos os deuses do mundo greco-oriental, de Apolo e Júpiter até Osíris, Hórus e Adônis (*Saturnais*, I, caps. 17-23). No tratado *Sobre o Sol Rei*, do imperador Juliano, assim como no *Hino ao Sol*, de Proclo, as hierofanias solares dão lugar a *idéias*, e a religiosidade desaparece quase completamente na seqüência desse longo processo de racionalização[35].

Essa dessacralização das hierofanias solares inscreve-se entre tantos outros processos similares, graças aos quais o Cosmos inteiro acaba por ser esvaziado de seus conteúdos religiosos. Mas, conforme já dissemos, a secularização definitiva da Natureza é coisa adquirida apenas para um número limitado de modernos: aqueles desprovidos de qualquer sentimento religioso. Apesar das mudanças profundas e radicais que o cristianismo trouxe na valorização religiosa do Cosmos e da Vida, ele não as rejeitou. O escritor cristão Léon Bloy comprova que a vida cósmica, em sua totalidade, ainda pode ser sentida como cifra da divindade, ao escrever: "Quer a vida esteja nos homens, nos animais ou nas plantas, é sempre a Vida, e quando vem o minuto, o ponto imperceptível que chamamos morte, é sempre Jesus que se retira, quer se trate de uma árvore ou de um ser humano."[36]

CAPÍTULO IV

EXISTÊNCIA HUMANA E VIDA SANTIFICADA

Existência "aberta" ao mundo

O objetivo último do historiador das religiões é compreender, e tornar compreensível aos outros, o comportamento do *homo religiosus* e seu universo mental. A empresa nem sempre é fácil. Para o mundo moderno, a religião como forma de vida e concepção do mundo confunde-se com o cristianismo. No melhor dos casos, um intelectual ocidental, com certo esforço, tem algumas probabilidades de se familiarizar com a visão religiosa da Antiguidade clássica e mesmo com algumas das grandes religiões orientais, como, por exemplo, o hinduísmo ou o confucionismo. Mas esse esforço de alargar seu horizonte religioso, por mais louvável que seja, não o leva muito longe; com a Grécia, a Índia, a China, o intelectual ocidental não ultrapassa a esfera das religiões complexas e elaboradas, que dispõem de uma vasta literatura sacra. Conhecer uma parte dessa literatura sacra, familiarizar-se com algumas mitologias e teologias orientais ou do mundo clássico, não é ainda suficiente para conseguir compreender o universo mental do *homo religiosus*. Essas mitologias e teologias encontram-se já excessivamente marcadas pelo longo trabalho dos letrados; embora, propriamente falando, não constituam "religiões do Livro" (como é o caso do judaísmo, do zoroastrismo, do cristianismo, do islamismo), possuem livros sagrados (a Índia, a China) ou, pelo menos, sofreram a influência de autores de prestígio (por exemplo, na Grécia, Homero).

Para se obter uma perspectiva religiosa mais ampla, é mais útil familiarizar-se com o folclore dos povos europeus; em suas crenças, costumes e comportamento perante a vida e a morte, ainda podemos reconhecer numerosas "situações religiosas" arcaicas. Estudando-se as sociedades rurais européias, pode-se compreender o mundo religioso dos agricultores neolíticos. Em muitos casos, os costumes e as crenças dos camponeses europeus representam um estado de cultura mais arcaico do que aquele testemunhado pela mitologia da Grécia clássica[1]. É verdade que a maior parte das populações rurais da Europa foi cristianizada há mais de um milênio. Mas elas conseguiram integrar ao seu cristianismo uma grande parte de sua herança religiosa pré-cristã, de uma antiguidade imemorial. Seria inexato supor que, por esta razão, os camponeses da Europa não são cristãos. É preciso, porém, reconhecer que a religiosidade deles não se reduz às formas históricas do cristianismo, que conserva ainda uma estrutura cósmica quase inteiramente perdida na experiência dos cristãos das cidades. Pode-se falar de um cristianismo primordial, a-histórico; ao se cristianizarem, os agricultores europeus integraram a sua nova fé a religião cósmica que conservavam desde a pré-história.

Entretanto, para o historiador das religiões desejoso de compreender e fazer compreender a totalidade das situações existenciais do *homo religiosus*, o problema é mais complexo. Para lá das fronteiras das culturas agrícolas estende-se todo um mundo: o mundo verdadeiramente "primitivo" dos pastores nômades, dos caçadores totemistas, das populações ainda no estágio da caça miúda e da colheita. Para conhecer o universo mental do *homo religiosus* é preciso ter em conta, sobretudo, os homens dessas sociedades primitivas. Ora, o comportamento religioso deles parece-nos, hoje, excêntrico, se não francamente aberrante, e, em todo caso, muito difícil de compreender. Mas o único meio de compreender um universo mental alheio é situar-se *dentro dele*, no seu próprio centro, para alcançar, a partir daí, todos os valores que esse universo comanda.

O primeiro fato com que deparamos ao adotar a perspectiva do homem religioso das sociedades arcaicas é que o *Mundo existe porque foi criado pelos deuses*, e que a própria existência do Mundo "quer dizer" alguma coisa, que o Mundo não é mudo nem opaco, que não é uma coisa inerte, sem objetivo e sem significado. Para o homem religioso, o Cosmos "vive" e "fala". A própria vida do Cosmos é uma prova de sua santidade, pois ele foi criado pelos deuses e os deuses mostram-se aos homens por meio da vida cósmica.

É por essa razão que, a partir de um certo estágio de cultura, o homem se concebe como um microcosmos. Ele faz parte da Criação dos deuses, ou seja, em outras palavras, ele reencontra em si mesmo a santidade que reconhece no Cosmos. Segue-se daí que sua vida é assimilada à vida cósmica: como obra divina, esta se torna a imagem exemplar da existência humana. Vimos, por exemplo, que o casamento é valorizado como uma hierogamia entre o Céu e a Terra. Entre os agricultores, porém, a correspondência Terra-Mulher é ainda mais complexa. A mulher é assimilada à gleba, as sementes ao *semen virile* e o trabalho agrícola à união conjugal. "Esta mulher veio como um terreno vivo: semeai nela, homens, a semente!", está escrito no *Atharva Veda* (XIV, 2, 14). "Vossas mulheres são como campos para vós" (*Corão*, II, 225). Uma rainha estéril lamenta-se: "Sou como um campo onde nada cresce!" Num hino do século XII, a Virgem Maria é glorificada como *terra non arabilis quae fructum parturiit*.

Tentemos compreender a situação existencial daquele para quem todas essas correspondências são experiências *vividas* e não simplesmente *idéias*. É evidente que sua vida possui uma dimensão a mais: não é apenas humana, é ao mesmo tempo "cósmica", visto que tem uma estrutura trans-humana. Poder-se-ia chamá-la uma "existência aberta", porque não é limitada estritamente ao modo de ser do homem. (Sabemos, aliás, que o primitivo situa seu próprio modelo a atingir no plano trans-humano revelado pelos mitos.) A existência do *homo religiosus*, sobretudo do primitivo, é "aberta" para o mundo; vivendo, o homem religioso nunca está sozinho, pois vive nele uma parte do Mundo. Mas não se pode dizer, como Hegel, que o homem primitivo está "enterrado na Natureza", que ele não se reencontrou ainda como distinto da Natureza, como ele mesmo. O hindu que, abraçando sua esposa, proclama que ela é a Terra e ele é o Céu, está ao mesmo tempo plenamente consciente da humanidade dele e de sua esposa. O agricultor austro-asiático que designa com o mesmo vocábulo, *lak*, o falo e a enxada e que, como tantos outros cultivadores, assimila os grãos ao *semen virile*, sabe muito bem que a enxada é um instrumento que ele fabricou para si e que, ao trabalhar o campo, efetua um trabalho agrícola que exige um certo número de conhecimentos técnicos. Em outras palavras, o simbolismo cósmico *junta* um novo valor a um objeto ou uma ação, sem com isso prejudicar seus valores próprios e imediatos. Uma existência "aberta" para o Mundo não é uma existência inconsciente, enterrada na Natureza. A "abertura" para o Mundo permite ao homem religioso conhecer-se conhecendo o Mundo – e esse conhecimento é preciso para ele porque é um conhecimento religioso, refere-se ao Ser.

Santificação da vida

O exemplo que acabamos de citar ajuda-nos a compreender a perspectiva do homem das sociedades arcaicas: para ele, a vida como um todo é suscetível de ser santificada. São múltiplos os meios por que se obtém a santificação, mas o resultado é quase sempre o mesmo: a vida é vivida num plano duplo; desenrola-se como existência humana e, ao mesmo tempo, participa de uma vida trans-humana, a do Cosmos ou dos deuses. É provável que, num passado muito longínquo, todos os órgãos e experiências fisiológicas do homem, bem como todos os seus gestos, tivessem um significado religioso. Isto porque todos os comportamentos humanos foram fundados pelos deuses ou pelos heróis civilizadores *in illo tempore*: estes fundaram não somente os diversos trabalhos e as diversas formas de se alimentar, fazer amor, exprimir-se etc., mas até os gestos aparentemente sem importância. No mito dos australianos karadjeri, os dois Heróis civilizadores adotaram uma posição especial para urinar, e os Karadjeri ainda hoje imitam esse gesto exemplar[2]. É inútil lembrar que não há nenhuma correspondência semelhante ao nível da experiência profana da Vida. Para o homem a-religioso, todas as experiências vitais – tanto a sexualidade como a alimentação, o trabalho como o jogo – foram dessacralizadas. Isto quer dizer que todos os atos fisiológicos foram desprovidos de significado espiritual, desprovidos portanto da dimensão verdadeiramente humana.

Mas, além do significado religioso que se atribui aos atos fisiológicos como imitação de modelos divinos, os órgãos e suas funções foram valorizados religiosamente por sua assimilação às diversas regiões e fenômenos cósmicos. Já citamos um exemplo clássico: a mulher assimilada à gleba e à Terra-Mãe, o ato sexual assimilado à hierogamia Céu-Terra e à semeadura agrícola. Mas é enorme o número de correspondências entre o homem e o Universo. Algumas delas parecem impor-se espontaneamente ao espírito, como, por exemplo, a do olho ao Sol, ou dos dois olhos ao Sol e à Lua, ou a da caixa craniana à lua cheia; ou ainda a assimilação dos sopros aos ventos, dos ossos às pedras, dos cabelos às ervas etc.

Mas o historiador das religiões encontra outras assimilações que pressupõem um simbolismo mais elaborado, todo um sistema de correspondências micromacrocósmicas. Assim, por exemplo, a assimilação do ventre ou da matriz à gruta, dos intestinos aos labirintos, da respiração à tecelagem, das veias e artérias ao Sol e à Lua, da coluna vertebral ao *Axis mundi* etc. Evidentemente, todas essas correspondências entre o corpo humano e o macrocosmos não são encontradas entre os primitivos. Certos sistemas de correspondência homem-Universo só nas grandes culturas foram completamente elaborados (Índia, China, Oriente Próximo antigo, América Central). Seu ponto de partida, porém, encontra-se já nas culturas arcaicas. Entre os primitivos, surgem sistemas de homologia antropocósmica de extraordinária complexidade, que demonstram uma capacidade inesgotável de especulação. É o caso, por exemplo, dos Dogons da África ocidental francesa[3].

Ora, essas correspondências antropocósmicas interessam-nos principalmente porque são as "cifras" das diversas situações existenciais. Dizíamos que o homem religioso vive num mundo "aberto" e que, por outro lado, sua existência é "aberta" para o Mundo. Isto é o mesmo que dizer que o homem religioso é acessível a uma série infinita de experiências que poderiam ser chamadas de "cósmicas". Tais experiências são sempre religiosas, pois o Mundo é sagrado. Para chegar a compreendê-las, é preciso ter em mente que as principais funções fisiológicas são suscetíveis de se transformar em sacramentos. Come-se ritualmente, e a alimentação é diversamente valorizada segundo as diferentes religiões e culturas: os alimentos são considerados sagrados, ou um dom da divindade, ou uma oferenda aos deuses do corpo (como é o caso, por exemplo, na Índia). A vida sexual, como vimos, também é ritualizada e, por conseqüência, assimilada aos fenômenos cósmicos (chuvas, semeadura) e aos atos divinos (hierogamia Céu-Terra). Por vezes, o casamento é valorizado num plano triplo: individual, social e cósmico. Por exemplo, entre os Omaha, a aldeia é dividida em duas metades, chamadas respectivamente Céu e Terra. Os casamentos só podem ser realizados entre as duas metades exógamas, e a cada novo casamento repete-se o *hieros gamos* primordial: a união entre a Terra e o Céu[4].

Essas correspondências antropocósmicas, e sobretudo a sacramentalização da vida fisiológica que se segue, conservaram toda a sua vitalidade mesmo nas religiões altamente evoluídas. Para nos limitarmos a um só exemplo, lembremos que a união sexual, como ritual, atingiu um prestígio considerável no tantrismo indiano. A Índia mostra-nos com exuberância como um ato fisiológico pode ser transformado em ritual e como, passada a época ritualista, o mesmo ato pode ser valorizado como uma "técnica mística". A exclamação do esposo na *Brhadâranyaka Upanishad* "Eu sou o Céu, tu és a Terra!", segue-se à transfiguração prévia de sua esposa no altar do sacrifício védico (VI, 4, 3). No tantrismo, porém, a mulher acaba por encarnar Prakriti (a Natureza) e a Deusa cósmica, Shakti – ao passo que o macho se identifica com Shiva, o Espírito puro, imóvel e sereno. A união sexual (*maithuna*) é antes de tudo uma integração desses dois princípios, a Natureza-Energia cósmica e o Espírito. Conforme exprime um texto tântrico: "A verdadeira união sexual é a união da Shakti suprema com o Espírito (*âtman*); as outras só representam relações carnais com as mulheres." (*Kûlârnava Tantra* VI, 111-112.) Já se não trata de um ato fisiológico, mas de um rito místico; o homem e a mulher já não são seres humanos, mas seres "desligados" e livres como os deuses. Os textos tântricos sublinham infatigavelmente que se trata de uma transfiguração da experiência carnal. "Pelos mesmos atos que fazem arder no Inferno certos homens durante milhões de anos, o iogue obtém sua salvação eterna."[5] A *Brhadâranyaka Upanishad* (V, 14, 8) já afirma: "Aquele que sabe isso, seja qual for o pecado que pareça cometer, é puro, limpo, sem velhice, imortal." Em outras palavras, "aquele que sabe" dispõe de uma experiência totalmente diferente da experiência do profano. Quer dizer que toda experiência humana é suscetível de ser transfigurada, vivida num outro plano, o trans-humano.

O exemplo indiano mostra-nos a que refinamento "místico" pode chegar a sacramentalização dos órgãos e da vida fisiológica, sacramentalização amplamente atestada em todos os níveis arcaicos de cultura. Acrescentemos que a valorização da sexualidade como meio de participar do sagrado (ou, no caso da Índia, de obter o estado supra-humano da liberdade absoluta) não é isenta de perigos. Na própria Índia, o tantrismo deu ocasião a cerimônias aberrantes e infames.

Aliás, no mundo primitivo, a sexualidade ritual foi acompanhada de inúmeras formas orgiásticas. Contudo, o exemplo conserva seu valor sugestivo, pois nos revela uma experiência que não é mais acessível numa sociedade dessacralizada: a experiência de uma vida sexual santificada.

Corpo-Casa-Cosmos

Vimos que o homem religioso vive num Cosmos "aberto" e que está "aberto" ao Mundo. Isto quer dizer: (*a*) que está em comunicação com os deuses;(*b*) que participa da santidade do Mundo. Que o homem religioso só consegue viver num Mundo "aberto", tivemos ocasião de constatar ao analisar a estrutura do espaço sagrado: o homem deseja situar-se num "centro", lá onde existe a possibilidade de comunicação com os deuses. Sua habitação é um microcosmos, e também seu corpo. A correspondência corpo-casa-cosmos impõe-se desde muito cedo. Insistamos um pouco neste exemplo, pois ele nos mostra em que sentido os valores da religiosidade arcaica são suscetíveis de ser reinterpretados pelas religiões, até mesmo pelas filosofias ulteriores.

O pensamento religioso indiano utilizou abundantemente a correspondência tradicional casa-cosmos-corpo humano, e compreende-se por quê: como o Cosmos, o corpo é, em última instância, uma "situação", um sistema de condicionamentos que se assume. A coluna vertebral é assimilada ao Pilar cósmico (*skambha*) ou à montanha Meru, os sopros são identificados aos ventos, o umbigo ou o coração ao "Centro do Mundo" etc. Mas a correspondência se faz também entre o corpo humano e o ritual em seu conjunto: o lugar do sacrifício, os utensílios e os gestos sacrificiais são assimilados aos diversos órgãos e funções fisiológicas. O corpo humano, assimilado ritualmente ao Cosmos ou ao altar védico (que é uma *imago mundi*), é também assimilado a uma casa. Um texto de *hathayoga* fala do corpo como de "uma casa com uma coluna e nove portas" (*Goraksha Shataka*, 14).

Em resumo, ao se instalar conscientemente na situação exemplar a que está de certo modo predestinado, o homem se "cosmiza"; em outras palavras, ele reproduz, em escala humana, o sistema dos condicionamentos recíprocos e dos ritmos que caracteriza e constitui um "mundo", que define, em suma, todo universo. A correspondência também atua no sentido contrário: o templo ou a casa, por sua vez, são considerados como um corpo humano. O "olho" da cúpula é um termo freqüente em várias tradições arquitetônicas[6]. É importante, contudo, enfatizar que cada uma dessas imagens equivalentes – Cosmos, casa, corpo humano – apresenta ou pode apresentar uma "abertura" superior que possibilita a passagem para um outro mundo. O orifício superior de uma torre indiana tem, entre outros nomes, o de *brahmarandhra*. Ora, este termo designa a "abertura" que se encontra no alto do crânio e que desempenha um papel capital na ioga tântrica; é por aí também que se desprende a alma no momento da morte. Lembremos, a este propósito, o costume de quebrar o crânio dos iogues mortos para facilitar a saída da alma[7].

Esse costume indiano tem sua réplica nas crenças disseminadas pela Europa e Ásia, de que a alma do morto sai pela chaminé (orifício de fumaça) ou pelo telhado, principalmente pela parte do teto que se encontra acima do "ângulo sagrado"[8]. Em caso de agonia prolongada, retira-se uma ou várias pranchas do teto, ou chega-se mesmo a despedaçá-lo. O significado deste costume é evidente: *a alma se desliga mais facilmente do corpo se a outra imagem do corpo-Cosmos, que é a casa, for fratura-*

da em sua parte superior. É claro que todas essas experiências são inacessíveis ao homem a-religioso, não somente porque, para este, a morte foi dessacralizada, mas também porque já não vive num Cosmos propriamente dito e já não se dá conta de que ter um "corpo" e instalar-se numa casa equivale a assumir uma situação existencial.

É notável que o vocabulário místico indiano tenha conservado a correspondência homem-casa, sobretudo a assimilação do crânio ao teto ou à cúpula. A experiência mística fundamental, quer dizer, a superação da condição humana, é expressa por uma imagem dupla: a rotura do telhado e o vôo nos ares. Os textos budistas falam dos Arhats que "voam pelos ares quebrando o teto do palácio, que, voando por sua própria vontade, quebram e atravessam o teto da casa e vão pelos ares" etc.[9] Essas fórmulas podem ser interpretadas de duas maneiras: no plano da experiência mística, trata-se de um "êxtase" e, portanto, do vôo da alma pelo *brahmarandhara*; no plano metafísico, trata-se da abolição do mundo condicionado. Mas os dois significados do "vôo" dos Arhats exprimem a rotura de nível ontológico e a passagem de um modo de ser a outro, ou, mais exatamente, a passagem da existência condicionada a um modo de ser não-condicionado, quer dizer, de perfeita liberdade.

Na maior parte das religiões arcaicas, o "vôo" significa o acesso a um modo de ser sobre-humano (Deus, mágico, "espírito"), em última instância a liberdade de se mover à vontade – portanto uma apropriação da condição do "espírito". Para o pensamento indiano, o Arhat que "rompe o teto da casa" e voa pelos ares ilustra, de maneira figurada, que ele transcendeu o Cosmos e alcançou um modo de ser paradoxal, impensável até, o da liberdade absoluta (seja qual for o nome que lhe dêem: *nirvâna, asamskrta, samâdhi, sahaja* etc.).

No plano mitológico, o gesto exemplar da transcendência do Mundo é ilustrado por Buda, ao proclamar que "quebrou" o Ovo cósmico, a "concha da ignorância" e que atingiu "a bem-aventurada, a universal dignidade de Buda"[10].

O exemplo mostra-nos a importância da perenidade dos simbolismos arcaicos relativos à habitação humana. Esses simbolismos exprimem situações religiosas primordiais, mas são suscetíveis de modificar seus valores, enriquecendo-se de significados novos e integrando-se em sistemas de pensamento cada vez mais articulados. "Habita-se" o corpo da mesma maneira que se habita uma casa ou o Cosmos que se criou para si mesmo (cf. cap. I). Toda situação legal e permanente implica a inserção num Cosmos, num Universo perfeitamente organizado, imitado, portanto, segundo o modelo exemplar, a Criação. Território habitado, Templo, casa, corpo, como vimos, são Cosmos. Mas todos esses Cosmos, e cada um de acordo com seu modo de ser, apresentam uma "abertura", seja qual for o sentido que lhe atribuam as diversas culturas ("olho" do Templo, chaminé, torre de fumaça, *brahmarandhara* etc.) De uma maneira ou outra, o Cosmos que o homem habita – corpo, casa, território tribal, este mundo em sua totalidade – comunica-se pelo alto com um outro nível que lhe é transcendente.

Acontece que numa religião acósmica, como a da Índia depois do budismo, a abertura para o plano superior já não exprime a passagem da condição humana para a condição sobre-humana, mas a transcendência, a abolição do Cosmos, a liberdade absoluta. É enorme a diferença entre o significado filosófico do "ovo quebrado" por Buda, ou do "teto" fraturado pelos Arhats, e o simbolismo arcaico da passagem da Terra ao Céu ao longo do *Axis mundi* ou pelo orifício de fumaça. Permanece, porém, o fato de que a filosofia e o misticismo indianos escolheram de preferência, entre os símbolos que podiam significar a rotura ontológica e a transcendência, a imagem primordial do estilhaçamento do teto. A superação da condição humana traduz-se, de uma maneira figurada, pelo aniquilamento da "casa", ou seja, do Cosmos pessoal que se escolheu habitar. Toda "morada estável" onde o homem se "instalou" equivale, no plano filosófico, a uma situação existencial que se assumiu. A imagem do estilhaçamento do teto significa que se aboliu *toda a situação* que se escolheu, que se optou não pela *instalação* no mundo, mas pela liberdade absoluta, que, para o pensamento indiano, implica o aniquilamento de todo mundo condicionado.

Não é necessário analisar longamente os valores atribuídos por um de nossos contemporâneos não-religiosos a *seu* corpo, *sua* casa e *seu* universo, para perceber a enorme distância que o separa dos homens das culturas primitivas e orientais que acabamos de mencionar. Assim como a habitação de um homem moderno perdeu os valores cosmológicos, também seu corpo foi igualmente privado de todo significado religioso ou espiritual. Poder-se-ia dizer, em resumo, que, para os modernos desprovidos de religiosidade, o Cosmos se tornou opaco, inerte, mudo: não transmite nenhuma mensagem, não carrega nenhuma "cifra". O sentimento da santidade da Natureza sobrevive hoje na Europa sobretudo entre as populações rurais, pois é aí que ainda se encontra um cristianismo vivido como liturgia cósmica.

Quanto ao cristianismo das sociedades industriais, principalmente o dos intelectuais, há muito que perdeu os valores cósmicos que possuía ainda na Idade Média. Isto não implica necessariamente que o cristianismo urbano seja "degradado" ou "inferior", mas apenas que a sensibilidade religiosa das populações urbanas encontra-se gravemente empobrecida. A liturgia cósmica, o mistério da participação da Natureza no drama cristológico tornaram-se inacessíveis aos cristãos que vivem numa cidade moderna. Sua experiência religiosa já não é "aberta" para o Cosmos; é uma experiência estritamente privada. A salvação é um problema que diz respeito ao homem e seu Deus; no melhor dos casos, o homem reconhece-se responsável não somente diante de Deus, mas também diante da História. Mas nestas relações homem-Deus-História o Cosmos não tem nenhum lugar. O que permite supor que, mesmo para um cristão autêntico, o Mundo já não é sentido como obra de Deus.

A passagem pela porta estreita

Tudo o que acabamos de dizer sobre o simbolismo corpo-casa, e suas correspondências antropocósmicas, está longe de ter esgotado a extraordinária riqueza do assunto: tivemos de nos limitar a apenas alguns de seus múltiplos aspectos. A "casa" – visto que é ao mesmo tempo uma *imago mundi* e uma réplica do corpo humano – desempenha um papel considerável nos rituais e nas mitologias. Em certas culturas (por exemplo, China proto-histórica, Etrúria etc.) as urnas funerárias têm a forma de casa: apresentam uma abertura superior que permite à alma do morto entrar e sair[11]. A urna-casa torna-se de certo modo o novo "corpo" do defunto. É também de uma casinha em forma de capuz que sai o Antepassado mítico, e é sempre numa tal casa-urna-capuz que se esconde o Sol durante a noite para tornar a sair de manhã[12].

Há, pois, uma correspondência estrutural entre as diversas modalidades de *passagem*: das trevas à luz (Sol), da preexistência de uma raça humana à manifestação (Antepassado mítico) da Vida à Morte e à nova existência *post-mortem* (a alma).

Sublinhamos várias vezes que toda forma de "Cosmos" – o Universo, o Templo, a casa, o corpo humano – é provida de uma "abertura" superior. Agora se compreende melhor o significado desse simbolismo: a abertura torna possível a *passagem* de um modo de ser a outro, de uma situação existencial a outra. Toda existência cósmica está predestinada à "passagem": o homem passa da pré-vida à vida e finalmente à morte, tal como o Antepassado mítico passou da preexistência à existência e o Sol das trevas à luz. Notemos que este tipo de "passagem" se enquadra num sistema mais complexo, cujas principais articulações examinamos ao falar da Lua como arquétipo do devir cósmico, da vegetação como símbolo da renovação universal, e sobretudo das múltiplas maneiras de repetir ritualmente a cosmogonia, quer dizer, a *passagem* exemplar do virtual ao formal. Convém precisar que todos os rituais e simbolismos da "passagem" exprimem uma concepção específica da existência humana: uma vez nascido, o homem ainda não está acabado; deve nascer uma segunda vez, espiritualmente; torna-se homem completo passando de um estado imperfeito, embrionário, a um estado perfeito, de adulto. Numa palavra, pode-se dizer que a existência humana chega à plenitude ao longo de uma série de ritos de passagem, em suma, de iniciações sucessivas.

Falaremos em breve do sentido e da função da iniciação. Por ora, vamos nos deter um pouco no simbolismo da "passagem" tal qual o homem religioso o decifra no meio familiar e na vida cotidiana: na sua casa, por exemplo, nos caminhos que utiliza para ir ao trabalho, nas pontes que atravessa etc. Esse simbolismo está presente na própria estrutura da habitação. A abertura superior significa, conforme vimos, a direção ascensional para o

Céu, o desejo de transcendência. O *limiar* concretiza tanto a delimitação entre o "fora" e o "dentro", como a possibilidade de passagem de uma zona a outra (do profano ao sagrado; cf. cap. 1). Mas são sobretudo as imagens da *ponte* e da *porta estreita* que sugerem a idéia de passagem perigosa e que, por esta razão, abundam nos rituais e nas mitologias iniciáticas e funerárias. A iniciação, como a morte, o êxtase místico, o conhecimento absoluto, a fé (no judaísmo-cristianismo), equivale a uma passagem de um modo de ser a outro e opera uma verdadeira mutação ontológica. Para sugerir essa passagem paradoxal (pois implica sempre uma rotura e uma transcendência), as diversas tradições religiosas utilizaram abundantemente o simbolismo da ponte perigosa ou da porta estreita. Na mitologia iraniana, a ponte Cinvat é utilizada pelos defuntos em sua viagem *post-mortem*: tem uma largura de nove comprimentos de lança para os justos, mas para os ímpios torna-se estreita como "a lâmina de uma navalha" (*Dînkart*, IX, 20, 3). Debaixo da ponte Cinvat abre-se o buraco profundo do Inferno (*Vidêvdat*, 3, 7). É sempre por essa ponte que passam os místicos em sua viagem extática para o Céu: por aí, por exemplo, subiu, em espírito, Ardâ Virâf[13].

A *Visão de S. Paulo* mostra-nos uma ponte "estreita como um fio de cabelo", que liga nosso mundo ao Paraíso. A mesma imagem se encontra entre os escritores e os místicos árabes: a ponte é "mais estreita do que um fio de cabelo" e liga a Terra às esferas astrais e ao Paraíso. Tal como nas tradições cristãs, os pecadores, incapazes de atravessá-la, são precipitados no Inferno. As lendas medievais falam de uma "ponte escondida sob a água" e de uma ponte-sabre, sobre a qual o herói (Lancelot) deve passar com os pés e as mãos nus: a ponte é "mais cortante do que uma foice" e a passagem faz-se "com sofrimento e agonia". Na tradição finlandesa, uma ponte coberta de agulhas, pregos, lâminas de navalha, atravessa o Inferno: os mortos, assim como os xamãs em êxtase, utilizam-na em sua viagem para o outro mundo.

Descrições similares são encontradas em todo o mundo[14], mas o que importa, acima de tudo, é o fato de se ter conservado essas mesmas imagens para significar a dificuldade do conhecimento metafísico e, no cristianismo, da fé. "É difícil passar por sobre o fio aguçado da navalha", dizem os poetas para exprimir a dificuldade do caminho que conduz ao conhecimento supremo (*Katha Upanishad*, III, 14). "Estreita é a porta e apertado o caminho que conduz à Vida, e poucos há que o encontram." (Mateus, 7: 14)

Esses poucos exemplos relativos ao simbolismo iniciático, funerário e metafísico da ponte e da porta mostraram-nos em que sentido a existência cotidiana e o "pequeno mundo" que ela envolve – a casa com seus utensílios, a rotina diária e seus gestos etc. – são suscetíveis de ser valorizados no plano religioso e metafísico. É a vida imediata, de todos os dias, que é transfigurada na experiência de um homem religioso: o homem descobre por todo lado uma "cifra". Até o gesto mais habitual pode significar um ato espiritual. O caminho e a marcha são suscetíveis de ser transfigurados em valores religiosos, pois todo caminho pode simbolizar "o caminho da vida" e toda marcha uma "peregrinação", uma peregrinação para o Centro do Mundo[15]. Se a posse de uma "casa" implica que se assumiu uma situação estável no mundo, aqueles que renunciaram a suas casas, os peregrinos e ascetas, proclamam por sua "marcha", por seu contínuo movimento, o desejo de sair do mundo, a recusa de todas as situações mundanas. A casa é um "ninho", e, como diz o *Pancavimsha Brâhmana* (XI, 15, 1), o "ninho" implica rebanhos, filhos e um "lar"; numa palavra, simboliza o mundo familiar, social, econômico. Aqueles que escolheram a busca, o caminho para o Centro, devem abandonar toda situação familiar e social, todo "ninho", e consagrar-se unicamente à "marcha" em direção à verdade suprema, que nas religiões altamente evoluídas se confunde com o Deus oculto, o *Deus absconditus*[16].

Ritos de passagem

Como já observamos, os ritos de passagem desempenham um papel importante na vida do homem religioso[17]. É certo que o rito de passagem por excelência é representado pelo início da puberdade, a passagem de uma faixa de idade a outra (da infância ou adolescência à juventude). Mas há também ritos de passagem no nascimento, no casamento e na morte, e pode-se dizer que, em cada um desses casos, se trata sempre de uma iniciação, pois envolve sempre uma mudança radical de regime ontológico e estatuto social. Quando acaba de nascer, a criança só dispõe de uma existência física; não é ainda reconhecida pela família nem recebida pela comunidade. São os ritos realizados imediatamente após o parto que conferem ao recém-nascido o estatuto de "vivo" propriamente dito; é somente graças a esses ritos que ele se integra à comunidade dos vivos. Por ocasião do casamento, tem lugar também uma passagem de um grupo sócio-religioso a outro. O recém-casado abandona o grupo dos celibatários para participar, então, do grupo dos chefes de família. Todo casamento implica uma tensão e um perigo, desencadeando portanto uma crise; por isso o casamento se efetua por um rito de passagem. Os gregos chamavam o casamento de *télos*, consagração, e o ritual nupcial assemelhava-se ao dos mistérios.

No que diz respeito à morte, os ritos são mais complexos, visto que se trata não apenas de um "fenômeno natural" (a vida, ou a alma, abandonando o corpo), mas também de uma mudança de regime ao mesmo tempo ontológico e social: o defunto deve enfrentar certas provas que dizem respeito ao seu próprio destino *post-mortem*, mas deve também ser reconhecido pela comunidade dos mortos e aceito entre eles. Para certos povos, só o sepultamento ritual confirma a morte: aquele que não é enterrado segundo o costume não está morto. Além disso, a morte de uma pessoa só é reconhecida como válida depois da realização das cerimônias funerárias, ou quando a alma do defunto foi ritualmente conduzida a sua nova morada, no outro mundo, e lá foi aceita pela comunidade dos mortos. Para o homem a-religioso, o nascimento, o casamento, a morte não passam de acontecimentos que dizem respeito ao indivíduo e sua família; raramente – no caso de chefes de Estado ou políticos – esses acontecimentos têm repercussões políticas. Numa perspectiva a-religiosa da existência, todas as "passagens" perderam seu caráter ritual, quer dizer, nada mais significam além do que mostra o ato concreto de um nascimento, de um óbito ou de uma união sexual oficialmente reconhecida. Acrescentemos, porém, que raramente se encontra uma experiência completamente a-religiosa da vida total em estado puro, mesmo nas sociedades mais secularizadas. É possível que uma tal experiência completamente a-religiosa se torne mais corrente num futuro mais ou menos longínquo; mas por ora é ainda rara.

O que se encontra no mundo profano é uma secularização radical da morte, do casamento e do nascimento, mas, como não tardaremos a ver, subsistem apesar de tudo vagas recordações e nostalgias de comportamentos religiosos abolidos.

Quanto aos rituais iniciáticos propriamente ditos, convém fazer uma distinção entre as iniciações da puberdade (faixa de idade) e as cerimônias de admissão numa sociedade secreta: a diferença mais importante reside no fato de que *todos* os adolescentes são obrigados a enfrentar a iniciação da idade, ao passo que as sociedades secretas são reservadas a um determinado número de adultos. Parece certo que a instituição da iniciação da puberdade é mais antiga do que a da sociedade secreta; encontra-se mais espalhada e é atestada desde os níveis mais arcaicos de cultura, como, por exemplo, entre os australianos e os fueguinos. Não nos cabe expor aqui as cerimônias iniciáticas em toda sua complexidade. Nosso objetivo é mostrar que, já nos estágios arcaicos de cultura, a iniciação desempenha um papel capital na formação religiosa do homem, e, sobretudo, que ela consiste essencialmente numa mudança do regime ontológico do neófito. Ora, este fato parece-nos muito importante para a compreensão do homem religioso: mostra-nos que o homem das sociedades primitivas não se considera "acabado" tal como se encontra ao nível natural da existência: para se tornar um homem propriamente dito, deve morrer para esta vida primeira (natural) e renascer para uma vida superior, que é ao mesmo tempo religiosa e cultural.

Em outras palavras, o primitivo coloca seu ideal de humanidade num plano sobre-humano. Isto quer dizer que: (1) só se torna um homem completo depois de ter ultrapassado, e em certo sentido abolido, a humanidade "natural", pois a iniciação se reduz, em suma, a uma experiência paradoxal, sobrenatural, de morte e ressurreição, ou de segundo nascimento; (2) os ritos iniciáticos comportando as provas, a morte e a ressurreição simbólicas foram fundados pelos deuses, os Heróis civilizadores ou os Antepassados míticos: esses ritos têm, portanto, uma origem sobre-humana, e, ao realizá-los, o neófito imita um comportamento sobre-humano, divino. É importante reter este fato, pois nos mostra mais uma vez que o homem religioso *se quer diferente* do que se encontra ao nível "natural", esforçando-se por *fazer-se* segundo a imagem ideal que lhe foi revelada pelos mitos. O homem primitivo esforça-se por atingir um *ideal religioso de humanidade*, e nesse esforço encontram-se já os germes de todas as éticas elaboradas mais tarde nas sociedades evoluídas.

Evidentemente, nas sociedades a-religiosas modernas, a iniciação já não existe como ato religioso. Veremos mais adiante, contudo, que, embora fortemente dessacralizados, os padrões de iniciação ainda sobrevivem no mundo moderno.

Fenomenologia da iniciação

A iniciação comporta geralmente uma tripla revelação: a do sagrado, a da morte e a da sexualidade[18]. A criança ignora todas essas experiências; o iniciado as conhece, assume e integra em sua nova personalidade. Acrescentemos que se o neófito morre para sua vida infantil, profana, não-regenerada, renascendo para uma nova existência, santificada, ele renasce também para um modo de ser que torna possível o conhecimento, a *ciência*. O iniciado não é apenas um "recém-nascido" ou um "ressuscitado": é um homem que *sabe*, que conhece os mistérios, que teve revelações de ordem metafísica. Durante seu *treinamento* na selva, aprende os segredos sagrados: os mitos relativos aos deuses e à origem do mundo, os verdadeiros nomes dos deuses, o papel e a origem dos instrumentos rituais utilizados durante as cerimônias de iniciação (os *bull-roarers*, as lâminas de sílex para a circuncisão etc.). A iniciação equivale ao amadurecimento espiritual, e em toda a história religiosa da humanidade reencontramos sempre este tema: o iniciado, aquele que conheceu os mistérios, é *aquele que sabe*.

As cerimônia começa sempre com a separação do neófito de sua família e um retiro na selva. Já há ali um símbolo da morte: a floresta, a selva, as trevas simbolizam o além, os "Infernos". Em alguns lugares acredita-se que um tigre vem e transporta no dorso os candidatos: a fera encarna o Antepassado Mítico, o Senhor da iniciação, que conduz os adolescentes aos Infernos. Além disso, considera-se que o neófito é engolido por um monstro, em cujo ventre reina a Noite cósmica; é o mundo embrionário da existência, tanto no plano cósmico como no plano da vida humana. Em inúmeras regiões, existe na selva uma cabana iniciática. É aí que os jovens candidatos sofrem uma parte de suas provas e são instruídos nas tradições secretas da tribo. Ora, a cabana iniciática simboliza o ventre materno[19]. A morte do neófito significa uma regressão ao estado embrionário, mas isto não deve ser compreendido unicamente em termos de fisiologia humana, mas também em termos cosmológicos: o estado fetal equivale a uma regressão provisória ao mundo virtual, pré-cósmico.

Outros rituais trazem à luz o simbolismo da morte iniciática. Entre alguns povos, os candidatos são enterrados ou deitados em túmulos recém-cavados, ou então são cobertos de folhagens e permanecem imóveis, como mortos. Ou esfregam-nos com um pó branco a fim de que se assemelhem aos espectros. Os neófitos imitam, aliás, o comportamento dos espectros: não se servem dos dedos para comer, pegando o alimento diretamente com os dentes, como se acreditava que faziam as almas dos mortos. Por fim, as torturas a que são submetidos têm inúmeros significados, entre os quais o seguinte: o neófito torturado e mutilado é considerado torturado, esquartejado, cozido ou queimado pelos demônios senhores da iniciação, quer dizer, pelos Antepassados míticos. Os sofrimentos físicos correspondem à situação daquele que é "comido" pelo demônio-fera, cortado em pedaços nas goelas do monstro iniciático, digerido em seu ventre. As mutilações (arrancar dentes, amputar dedos etc.) são carregadas, também, de um simbolismo da morte. A maior parte das mutilações relacionam-se com as divindades lunares. Ora, a Lua desaparece periodicamente, *morre*, para renascer três noites mais tarde. O simbolismo lunar enfatiza que a morte é a condição primeira de toda regeneração mística.

Além das operações específicas – como a circuncisão e a subincisão –, fora as mutilações iniciáticas, outros sinais exteriores marcam a morte e a ressurreição: tatuagem, escarificações. Quanto ao simbolismo do renascimento místico, apresenta-se sob múltiplas formas. Os candidatos recebem outros nomes, que serão daí para frente seus verdadeiros nomes. Entre algumas tribos, considera-se que os jovens iniciados esqueceram tudo de sua vida anterior; imediatamente após a iniciação são alimentados como crianças, conduzidos pela mão e ensinados de novo a como se comportar. Geralmente aprendem na selva um língua nova, ou pelo menos um vocabulário secreto, acessível somente aos iniciados. Como se vê, com a iniciação, tudo recomeça. Por vezes, o simbolismo do segundo nascimento exprime-se por gestos concretos. Entre certos povos bantos, antes de ser circuncidado o jovem é objeto de uma cerimônia conhecida como "nascer de novo"[20]. O pai sacrifica um carneiro e, três dias depois, envolve a criança na membrana do estômago e na pele do animal. Antes de ser envolvida, a criança deve subir para a cama e chorar como um recém-nascido. Ela fica na pele de carneiro durante três dias. Entre o mesmo povo, os mortos são enterrados na pele dos carneiros e em posição embrionária. O simbolismo do renascimento mítico pelo revestimento ritual de uma pele de animal é encontrado, aliás, em culturas altamente evoluídas (Índia, Egito antigo).

Nos quadros iniciáticos, o simbolismo do nascimento acompanha quase sempre o da Morte. Nos contextos iniciáticos, a morte significa a superação da condição profana, não-santificada, a condição do "homem natural", ignorante do sagrado, cego para o espírito. O mistério da iniciação revela pouco a pouco ao neófito as verdadeiras dimensões da existência: ao introduzi-lo no sagrado, a iniciação o obriga a assumir a responsabilidade de homem. É importante ter este fato em mente: o acesso à espiritualidade traduz-se, em todas as sociedades arcaicas, por um simbolismo da Morte e de um novo nascimento.

Sociedades masculinas e sociedades femininas

Os ritos de admissão nas sociedades masculinas utilizam as mesmas provas e reproduzem os mesmos quadros iniciáticos. Mas, conforme dissemos, pertencer a sociedades masculinas implica já uma seleção: nem todos aqueles que sofreram a iniciação da puberdade farão parte da sociedade secreta, embora todos o desejem[21].

Para dar um exemplo, entre as tribos africanas Mandja e Banda, existe uma sociedade secreta conhecida pelo nome de Ngakola. Segundo o mito que se conta aos neófitos durante a iniciação, Ngakola era um monstro que tinha o poder de matar os homens, engolindo-os, e vomitá-los em seguida, renovados. O neófito é introduzido numa choupana que simboliza o corpo do monstro. Aí ele ouve a voz lúgubre de Ngakola e é chicoteado e submetido a torturas, pois, segundo lhe dizem, ele "entrou agora no ventre de Ngakola" e está prestes a ser digerido. Depois de passar por outras provações, o mestre da iniciação anuncia finalmente que Ngakola, que comera o neófito, acaba de vomitá-lo[22].

Reencontra-se aqui o simbolismo da morte pela absorção no ventre de um monstro, simbolismo que desempenha um enorme papel nas iniciações de puberdade. Notemos ainda uma vez que os ritos de entrada numa sociedade secreta correspondem, ponto por ponto, às iniciações de puberdade: reclusão, torturas e provas iniciáticas, morte e ressurreição, imposição de um novo nome, ensino de uma língua secreta etc.

Existem, igualmente, iniciações femininas. Não se deve esperar encontrar nos ritos iniciáticos e nos mistérios reservados às mulheres o mesmo simbolismo ou, mais exatamente, expressões simbólicas idênticas às das iniciações e confrarias masculinas. Mas facilmente se descobre um elemento comum: é sempre uma experiência religiosa profunda que está na base de todos os ritos e mistérios. É o *acesso à sacralidade*, tal como ela se revela ao assumir a condição de mulher, que constitui o objetivo tanto dos ritos iniciáticos de puberdade como das sociedades secretas femininas (*Weiberbünde*).

A iniciação começa com a primeira menstruação. Este sintoma fisiológico comanda uma rotura, o afastamento da jovem de seu mundo familiar: ela é imediatamente isolada, separada da comunidade. A segregação tem lugar numa cabana especial, na selva ou num canto escuro da habitação. A jovem catamenial deve manter-se numa posição específica, muito incômoda, e evitar ser vista pelo Sol ou tocada por qualquer pessoa. Traz um vestido especial, ou um sinal, uma cor que lhe está de certo modo reservada, e deve nutrir-se de alimentos crus.

A segregação e a reclusão na sombra, numa cabana escura na selva, lembram-nos o simbolismo da morte iniciática dos rapazes isolados na floresta, encerrados em choupanas.

Existe, no entanto, uma diferença: entre as meninas a segregação tem lugar imediatamente após a primeira menstruação, sendo portanto individual, ao passo que entre os rapazes é coletiva. A diferença se explica pelo aspecto fisiológico, manifesto entre as meninas do fim da infância. Mas as meninas acabam por constituir um grupo, e então a iniciação delas é realizada coletivamente, por velhas monitoras.

Quanto às sociedades femininas, estão sempre relacionadas com o mistério do nascimento e da fertilidade. O mistério do parto, quer dizer, a descoberta feita pela mulher de que ela *é criadora no plano da vida*, constitui uma experiência religiosa intraduzível em termos da experiência masculina.

Compreende-se então por que o parto deu lugar a rituais secretos femininos que se organizam às vezes como verdadeiros mistérios. Até na Europa se conservaram os traços desses mistérios[23].

Como entre os homens, encontramos múltiplas formas de associações femininas, onde o segredo e o mistério aumentam progressivamente. Há, para começar, a iniciação geral, pela qual passa toda jovem e toda recém-casada, e que conduz à instituição das sociedades femininas. Há, em seguida, as associações femininas de mistérios, como na África ou, na Antiguidade, nos grupos fechados das Mênades. Sabe-se que essas confrarias femininas de mistério demoraram muito tempo a desaparecer; lembremos as feiticeiras da Idade Média européia e suas reuniões rituais.

Morte e iniciação

O simbolismo e o ritual iniciáticos que comportam ser engolido por um monstro desempenharam um papel considerável tanto nas iniciações como nos mitos heróicos e nas mitologias da Morte. O simbolismo do regresso ao ventre tem sempre uma valência cosmológica. É o mundo inteiro que, simbolicamente, regressa com o neófito à Noite cósmica para poder ser criado de novo, regenerado. Conforme vimos, recita-se o mito cosmológico com fins terapêuticos. Para curar o doente, é preciso fazê-lo *nascer mais uma vez*, e o modelo arquetípico do nascimento é a cosmogonia. É preciso abolir a obra do Tempo, restabelecer o instante auroral de antes da Criação; no plano humano, isto equivale a dizer que é preciso retornar à "página branca" da existência, ao começo absoluto, quando nada se encontrava ainda maculado, quando nada estava ainda estragado. Penetrar no ventre do monstro – ou ser simbolicamente "enterrado" ou fechado na cabana iniciática – equivale a uma regressão ao indistinto primordial, à Noite cósmica.

Sair do ventre, ou da cabana tenebrosa, ou da "tumba" iniciática, equivale a uma cosmogonia. A morte iniciática reitera o retorno exemplar ao Caos para tornar possível a repetição da cosmogonia, ou seja, para preparar o novo nascimento. A regressão ao Caos verifica-se às vezes literalmente: é o caso, por exemplo, das doenças iniciáticas dos futuros xamãs, consideradas inúmeras vezes como verdadeiras loucuras. Assiste-se, com efeito, a uma crise total, que conduz muitas vezes à desintegração da personalidade[24]. O "caos psíquico" é o sinal de que o homem profano se encontra prestes a "dissolver-se" e que uma nova personalidade está prestes a nascer.

Compreende-se por que o mesmo esquema iniciático – sofrimentos, morte e ressurreição (renascimentos) – se reencontra em todos os mistérios, tanto nos ritos de puberdade como naqueles que dão acesso a uma sociedade secreta; e por que o mesmo cenário se deixa revelar nas intrigantes experiências íntimas que precedem a vocação mística (entre os primitivos, as "doenças iniciáticas" dos futuros xamãs). O homem das sociedades primitivas esforçou-se por vencer a morte transformando-a em *rito de passagem*. Em outras palavras, para os primitivos, morre-se sempre para qualquer coisa *que não seja essencial*; morre-se sobretudo para a vida profana. Em resumo, a morte chega a ser considerada como a suprema iniciação, quer dizer, como o começo de uma nova existência espiritual. Mais ainda: geração, morte e regeneração (renascimento) foram compreendidas como os três momentos de um mesmo mistério, e todo o esforço espiritual do homem arcaico foi empregado em mostrar que não devem existir cortes entre esses três momentos. Não se pode *parar* em um dos três momentos. O movimento, a regeneração continuam sempre.

Refaz-se infatigavelmente a cosmogonia para se estar seguro de que se faz de fato alguma coisa: uma criança, por exemplo, ou uma casa, ou uma vocação espiritual. É por isso que se encontra sempre a valência cosmogônica dos ritos de iniciação.

O "segundo nascimento" e a criação espiritual

O quadro iniciático – quer dizer, morte para a condição profana, seguida do renascimento para o mundo sagrado, para o mundo dos deuses – também desempenha um papel importante nas religiões evoluídas. O sacrifício indiano constitui um exemplo célebre. Seu objetivo é alcançar, após a morte, o Céu, a morada dos deuses ou a qualidade de deus (*devâtma*). Em outras palavras, pelo sacrifício forja-se uma condição sobre-humana, resultado que pode ser comparado ao das iniciações arcaicas. Ora, o sacrificante deve ser previamente consagrado pelos sacerdotes, e a consagração (*dîkshâ*) comporta um simbolismo iniciático de estrutura obstétrica; propriamente falando, a *dîkshâ* transforma ritualmente o sacrificante em embrião, fazendo-o nascer uma segunda vez.

Os textos enfatizam longamente o sistema de correspondência graça ao qual o sacrificante sofre um *regressus ad uterum* seguido de um novo nascimento[25]. Vejamos, por exemplo, o que diz a esse respeito o *Aitareya-Brâhmana* (I, 3). "Os sacerdotes transformam em embrião aquele a quem concedem a consagração (*dîkshâ*). Aspergem-no com água: a água é a semente viril... Fazem-no entrar no abrigo especial: o abrigo especial é a matriz de quem faz a *dîkshâ*; fazem-no entrar assim na matriz que lhe convém. Recobrem-no com uma veste, a veste é o âmnio... Põem-lhe por cima uma pele de antílope negro; o córion está, de fato, por cima do âmnio... Ele tem os punhos cerrados; com efeito, o embrião tem os punhos cerrados enquanto está no ventre, a criança tem os punhos fechados quando nasce..."[26] Ele tira a pele de antílope para entrar no banho; é por isso que os embriões vêm ao mundo despojados do córion. Ele mantém a veste para entrar no mundo e é por isso que a criança nasce com âmnio por cima de si."

O conhecimento sagrado e, por extensão, a sabedoria são concebidos como o fruto de uma iniciação, e é significativo que tanto na Índia antiga como na Grécia se encontre o simbolismo obstétrico ligado ao despertar da consciência suprema. Não era sem razão que Sócrates se comparava a uma parteira: ele de fato ajudava o homem a nascer para a consciência de si, dava à luz o "homem novo". Encontra-se o mesmo simbolismo na tradição budista: o monge abandonava seu nome de família e tornava-se um "filho do Buda" (*sakya-putto*), pois "nascera entre os santos" (*ariya*). Conforme dizia Kassapa ao falar de si mesmo: "Filho natural do Bem-aventurado, nascido de sua boca, nascido do *dhamma* (a Doutrina), formado pelo *dhamma*" etc. (*Samyutta Nikâya*, II, 221).

O nascimento iniciático implicava a morte para a existência profana. O esquema conservou-se tanto no hinduísmo como no budismo. O iogue "morre para esta vida" a fim de renascer para um outro modo de ser: aquele é representado pela libertação. O Buda ensinava o caminho e os meios de morrer para a condição humana profana – quer dizer, para a escravidão e a ignorância – e renascer para a liberdade, para a beatitude e para o incondicionado do *nirvana*. A terminologia indiana do renascimento iniciático lembra, às vezes, o simbolismo arcaico do "novo corpo" que o neófito obtém graças à iniciação. O próprio Buda o proclama: "Mostrei aos meus discípulos os meios pelos quais eles podem criar, a partir deste corpo (constituído pelos quatro elementos, corruptíveis), um outro corpo de substância intelectual (*rûpim manomayan*), completo com todos os membros e dotado de faculdades transcendentais (*abhinindriyam*)."[27]

O simbolismo do segundo nascimento ou da geração como acesso à espiritualidade foi retomado e valorizado pelo judaísmo alexandrino e pelo cristianismo. Fílon utiliza abundantemente o tema da geração para falar do nascimento a uma vida superior, a vida do espírito (cf. por ex., *Abraham*, 20, 99). Por sua vez, S. Paulo fala de "filhos espirituais", dos filhos que ele procriou pela fé. "Tito, meu verdadeiro filho na fé que nos é comum"

(*Epístola a Tito*, 1:4). "Rogo-te por meu filho Onésimo, que gerei na prisão..." (*Epístola a Filémon*, 10). Inútil insistir nas diferenças entre os "filhos" que S. Paulo "gerou na fé" e os "filhos do Buda", ou aqueles que Sócrates "partejava", ou ainda os "recém-nascidos" das iniciações primitivas. As diferenças são evidentes. Era a própria força do rito que "matava" e "ressuscitava" o neófito nas sociedades arcaicas, do mesmo modo que a força do rito transformava em "embrião" o sacrificante hindu. O Buda, pelo contrário, "engendrava" por "sua boca", quer dizer, pela comunicação de sua doutrina (*dhamma*); era graças ao conhecimento supremo revelado pela *dhamma* que o discípulo nascia para uma vida nova, capaz de o conduzir até o limiar do nirvana. Sócrates, por sua vez, não pretendia mais do que exercer o ofício de uma parteira: ajudava a "parir" o homem verdadeiro que cada um trazia no mais profundo de si próprio. Para S. Paulo, a situação é diferente: ele engendrava "filhos espirituais" pela fé, quer dizer, graças a um mistério fundado pelo próprio Cristo. De uma religião a outra, de uma gnose ou sabedoria a outra, o tema imemorial do segundo nascimento enriquece-se com novos valores, que mudam às vezes radicalmente o conteúdo da experiência. Permanece, porém, um elemento comum, um invariante, que se poderia definir da seguinte maneira: *o acesso à vida espiritual implica sempre a morte para a condição profana, seguida de um novo nascimento.*

O sagrado e o profano no mundo moderno

Embora tenhamos insistido na iniciação e nos ritos de passagem, não pretendemos ter esgotado o assunto; conseguimos apenas esclarecer alguns aspectos essenciais. E contudo, ao falar um pouco mais longamente da iniciação, tivemos de omitir uma série de situações sócio-religiosas muito importantes para a compreensão do *homo religiosus*: não falamos, por exemplo, do soberano, do xamã, do sacerdote, do guerreiro etc. Quer dizer que este trabalho é forçosamente sumário e incompleto: constitui apenas uma introdução muito rápida a um tema imenso.

Tema imenso, porque, como já dissemos, não interessa unicamente ao historiador das religiões, ao etnólogo, ao sociólogo, mas também ao historiador, ao psicólogo, ao filósofo.

Conhecer as situações assumidas pelo homem religioso, compreender seu universo espiritual é, em suma, fazer avançar o conhecimento geral do homem. É verdade que a maior parte das situações assumidas pelo homem religioso das sociedades primitivas e das civilizações arcaicas há muito tempo foram ultrapassadas pela História. Mas não desapareceram sem deixar vestígios: contribuíram para que nos tornássemos aquilo que somos hoje; fazem parte, portanto, da nossa própria história.

Como repetimos em várias ocasiões, o homem religioso assume um modo de existência específica no mundo, e, apesar do grande número de formas histórico-religiosas, este modo específico é sempre reconhecível. Seja qual for o contexto histórico em que se encontra, o *homo religiosus* acredita sempre que existe uma realidade absoluta, *o sagrado*, que transcende este mundo, que aqui se manifesta, santificando-o e tornando-o real. Crê, além disso, que a vida tem uma origem sagrada e que a existência humana atualiza todas as suas potencialidades na medida em que é religiosa, ou seja, participa da realidade. Os deuses criaram o homem e o Mundo, os Heróis civilizadores acabaram a Criação, e a história de todas as obras divinas e semidivinas está conservada nos mitos.

Reatualizando a história sagrada, imitando o comportamento divino, o homem instala-se e mantém-se junto dos deuses, quer dizer, no real e no significativo.

É fácil ver tudo o que separa este modo de ser no mundo da existência de um homem a-religioso. Há antes de tudo o fato de que o homem a-religioso nega a transcendência, aceita a relatividade da "realidade", e chega até a duvidar do sentido da existência. As outras grandes culturas do passado também conheceram homens a-religiosos, e não é impossível que esses homens tenham existido até mesmo em níveis arcaicos de cultura, embora os documentos não os registrem ainda. Mas foi só nas sociedades européias modernas que o homem a-religioso se desenvolveu plenamente. O homem moderno a-religioso assume uma nova situação existencial: reconhece-se como o único sujeito e agente da História e rejeita todo apelo à transcendência. Em outras palavras, não aceita nenhum modelo de humanidade fora da condição humana, tal como ela se revela nas diversas situações históricas. O homem *faz-se* a si próprio, e só consegue fazer-se completamente na medida em que se dessacraliza e dessacraliza o mundo. O sagrado é o obstáculo por excelência à sua liberdade. O homem só se tornará ele próprio quando estiver radicalmente desmistificado. Só será verdadeiramente livre quando tiver matado o último Deus.

Não nos cabe discutir, aqui, esta tomada de posição filosófica. Constatemos somente que, em última instância, o homem moderno a-religioso assume uma existência trágica e que sua escolha existencial não é desprovida de grandeza.

Mas o homem a-religioso descende do *homo religiosus* e, queira ou não, é também obra deste, constituiu-se a partir das situações assumidas por seus antepassados. Em suma, ele é o resultado de um processo de dessacralização. Assim como a "Natureza" é o produto de uma secularização progressiva do Cosmos obra de Deus, também o homem profano é o resultado de uma dessacralização da existência humana. Isto significa que o homem a-religioso se constitui por oposição a seu predecessor, esforçando-se por se "esvaziar" de toda religiosidade e de todo significado trans-humano. Ele reconhece a si próprio na medida em que se "liberta" e se "purifica" das "superstições" de seus antepassados. Em outras palavras, o homem profano, queira ou não, conserva ainda os vestígios do comportamento do homem religioso, mas esvaziado dos significados religiosos. Faça o que fizer, é um herdeiro. Não pode abolir definitivamente seu passado, porque ele próprio é produto desse passado. É constituído por uma série de negações e recusas, mas continua ainda a ser assediado pelas realidades que recusou e negou. Para obter um mundo próprio, dessacralizou o mundo em que viviam seus antepassados; mas, para chegar aí, foi obrigado a adotar um comportamento oposto àquele que o precedia – e ele sente que este comportamento está sempre prestes a reatualizar-se, de uma forma ou outra, no mais profundo de seu ser.

Como já dissemos, o homem a-religioso *no estado puro* é um fenômeno muito raro, mesmo na mais dessacralizada das sociedades modernas. A maioria dos "sem-religião" ainda se comporta religiosamente, embora não esteja consciente do fato. Não se trata somente da massa das "superstições" ou dos "tabus" do homem moderno, que têm todos uma estrutura e uma origem mágico-religiosas. O homem moderno que se sente e se pretende a-religioso carrega ainda toda uma mitologia camuflada e numerosos ritualismos degradados. Conforme mencionamos, os festejos que acompanham o Ano Novo ou a instalação numa casa nova apresentam, ainda que laicizada, a estrutura de um ritual de renovação. Constata-se o mesmo fenômeno por ocasião das festas e dos júbilos que acompanham um casamento ou o nascimento de uma criança, a obtenção de um novo emprego ou uma ascensão social etc.

Poder-se-ia escrever uma obra inteira sobre os mitos do homem moderno, sobre as mitologias camufladas nos espetáculos que ele prefere, nos livros que lê. O cinema, esta "fábrica de sonhos", retoma e utiliza inúmeros motivos míticos: a luta entre o Herói e o Monstro, os combates e as provas iniciáticas, as figuras e imagens exemplares (a "Donzela", o "Herói", a paisagem paradisíaca, o "Inferno" etc.).

Até a leitura comporta uma função mitológica – não somente porque substitui a narração dos mitos nas sociedades arcaicas e a literatura oral, viva ainda nas comunidades rurais da Europa, mas sobretudo porque, graças à leitura, o homem moderno consegue obter uma "saída do Tempo" comparável à efetuada pelos mitos. Quer se "mate" o tempo com um romance policial, ou se penetre num universo temporal alheio representado por qualquer romance, a leitura projeta o homem moderno para fora de seu tempo pessoal e o integra a outros ritmos, fazendo-o viver numa outra "história".

A grande maioria dos "sem-religião" não está, propriamente falando, livre dos comportamentos religiosos, das teologias e mitologias. Estão às vezes entulhados por todo um amontoado mágico-religioso, mas degradado até a caricatura e, por esta razão, dificilmente reconhecível. O processo de dessacralização da existência humana atingiu muitas vezes formas híbridas de baixa magia e de religiosidade simiesca.

Não nos referimos às inúmeras "pequenas religiões" que pululam em todas as cidades modernas, às igrejas, seitas e escolas pseudo-ocultas, neo-espiritualistas ou intituladas herméticas – pois todos esses fenômenos ainda pertencem à esfera da religiosidade, ainda que se trate quase sempre de aspectos aberrantes de pseudomorfose. Também não fazemos alusão aos diversos movimentos políticos e profetismos sociais, cuja estrutura mitológica e fanatismo religioso são facilmente discerníveis. Bastará, para dar um só exemplo, relembrarmos a estrutura mitológica do comunismo e seu sentido escatológico. Marx retoma e prolonga um dos grandes mitos escatológicos do mundo asiático-mediterrânico, a saber, o papel redentor do Justo (o "eleito", o "ungido", o "inocente", o "mensageiro"; nos nossos dias, o proletariado), cujos sofrimentos são chamados a mudar o estatuto ontológico do mundo. Com efeito, a sociedade sem classes de Marx e a conseqüente desaparição das tensões históricas encontram seu precedente mais exato no mito da Idade do Ouro, que, segundo múltiplas tradições, caracteriza o começo e o fim da História. Marx enriqueceu este mito venerável de toda uma ideologia messiânica judaico-cristã: por um lado, o papel profético e a função soteriológica que ele atribuiu ao proletariado; por outro, a luta final entre o Bem e o Mal, que pode aproximar-se facilmente do conflito apocalíptico entre o Cristo e o Anticristo, seguido da vitória decisiva do primeiro. É até significativo que Marx resgate, por sua conta, a esperança escatológica judaicocristã de *um fim absoluto da História*; distingue-se nisso dos outros filósofos historicistas (por exemplo Croce e Ortega y Gasset), para quem as tensões da história são consubstanciais à condição humana e, portanto, jamais poderão ser completamente abolidas.

Mas não é apenas nas "pequenas religiões" ou nos misticismos políticos que se reencontram comportamentos religiosos camuflados ou degenerados: pode-se reconhecê-los também em movimentos que se proclamam francamente laicos, até mesmo anti-religiosos. Citamos, por exemplo, o nudismo ou os movimentos a favor da liberdade sexual absoluta, ideologias nas quais é possível decifrar os vestígios da "nostalgia do Paraíso", o desejo de restabelecer o estado edênico anterior à queda, quando o pecado não existia e não havia rotura entre as beatitudes da carne e a consciência.

Além disso, é interessante constatar quantas encenações iniciáticas persistem ainda em numerosas ações e gestos do homem a-religioso de nossos dias. Deixamos de lado, evidentemente, as situações onde sobrevive, degradado, um certo tipo de iniciação; por exemplo, a guerra e principalmente os combatentes individuais (sobretudo entre aviadores), efeitos que implicam "provas" equiparáveis às das iniciações militares tradicionais, embora, em nossos dias, os combatentes já não percebam o significado profundo de suas "provas" e, portanto, tirem pouco proveito de seu alcance iniciático. Mas mesmo técnicas especificamente modernas, como a psicanálise, mantêm ainda o *padrão* iniciático. O paciente é convidado a descer muito profundamente em si mesmo, a fazer reviver seu passado, enfrentar de novo seus traumatismos – e, do ponto de vista formal, essa operação perigosa assemelha-se às descidas iniciáticas aos "Infernos", entre os espectros, e aos combates com os "monstros". Assim como o iniciado devia sair vitoriosamente das provas, em suma, "morrer" e "ressuscitar" para alcançar uma existência plenamente responsável e aberta aos valores espirituais, o analisado de nossos dias deve afrontar seu próprio "inconsciente", assediado de espectros e monstros, para encontrar nisso a saúde e a integridade psíquicas, o mundo dos valores culturais.

Mas a iniciação está tão estreitamente ligada ao modo de ser da existência humana, que um número considerável de gestos e ações do homem moderno ainda repete quadros iniciáticos. Inúmeras vezes, a "luta pela vida", as "provas" e as "dificuldades" que tornam árduas uma vocação ou carreira repetem de algum modo as práticas iniciáticas: é em conseqüência dos "golpes" que recebe, do "sofrimento" e das "torturas" morais, ou mesmo físicas, que sofre, que um jovem "experimenta" a si próprio, conhece suas possibilidades, toma consciência de suas forças e acaba por tornar-se, ele próprio, espiritualmente adulto e criador (trata-se, é claro, da espiritualidade tal como é concebida no mundo moderno).

Pois toda a existência humana se constitui por uma série de provas, pela experiência reiterada da "morte" e da "ressurreição". É por isso que, num horizonte religioso, a existência é fundada pela iniciação; quase se poderia dizer que, na medida em que se realiza, a própria existência humana é uma iniciação. Em suma, a maioria dos homens "sem-religião" partilha ainda das pseudo-religiões e mitologias degradadas. Isso, porém, não nos surpreende, pois, como vimos, o homem profano descende do *homo religiosus* e não pode anular sua própria história, quer dizer, os comportamentos de seus antepassados religiosos, que o constituíram tal como ele é hoje.

Além do mais, grande parte de sua existência é alimentada por pulsões que lhe chegam do mais profundo de seu ser, da zona que se chamou de inconsciente. Um homem exclusivamente racional é uma abstração; jamais o encontramos na realidade. Todo ser humano é constituído, ao mesmo tempo, por uma atividade consciente e por experiências irracionais. Ora, os conteúdos e as estruturas do inconciente apresentam semelhanças surpreendentes com as imagens e figuras mitológicas. Não queremos dizer que as mitologias sejam "produto" do inconsciente, pois o modo de ser do mito é justamente *que ele se revela como mito*, ou seja, proclama que algo *se manifestou de maneira exemplar*. Um mito é "produzido" pelo inconsciente da mesma maneira que se pode dizer que *Madame Bovary* é "produto" de um adultério.

Todavia, os conteúdos e estruturas do inconsciente são o resultado das situações existenciais imemoriais, sobretudo das situações críticas, e é por essa razão que o inconsciente apresenta uma aura religiosa. Toda crise existencial põe de novo em questão, ao mesmo tempo, a realidade do Mundo e a presença do homem no Mundo: em suma, a crise existencial é "religiosa", visto que, aos níveis arcaicos de cultura, o *ser* confunde-se com o *sagrado*. Conforme vimos, é a experiência do sagrado que funda o mundo, e mesmo a religião mais elementar é, antes de tudo, uma ontologia. Em outras palavras, na medida em que o inconsciente é o resultado de inúmeras experiências existenciais, não pode deixar de assemelhar-se aos diversos universos religiosos. Pois a religião é a solução exemplar de toda crise existencial, não apenas porque é indefinidamente repetível, mas também porque é considerada de origem transcendental e, portanto, valorizada como revelação recebida de um *outro* mundo, trans-humano. A solução religiosa não somente resolve a crise, mas, ao mesmo tempo, torna a existência "aberta" a valores que já não são contingentes nem particulares, permitindo assim ao homem ultrapassar as situações pessoais e, no fim das contas, alcançar o mundo do espírito.

Não nos cabe desenvolver aqui todas as conseqüências da relação entre o conteúdo e as estruturas do inconsciente, por um lado, e os valores da religião, por outro. O objetivo dessa alusão foi mostrar em que sentido mesmo o homem mais francamente a-religioso partilha ainda, no mais profundo de seu ser, de um comportamento religiosamente orientado. Mas as "mitologias" pri-

passado, o Homem primordial, conservou inteligência suficiente para lhe permitir reencontrar os traços de Deus visíveis no Mundo. Depois da primeira "queda", a religiosidade caiu ao nível da consciência dilacerada; depois da segunda, caiu ainda mais profundamente, no mais fundo do inconsciente: foi "esquecida".

Param aqui as considerações do historiador das religiões. É aqui também que principia a problemática própria ao filósofo, ao psicólogo e até mesmo ao teólogo.

NOTAS

Introdução

1. Ver M. Eliade, *Die Religionen und das Heilige*, Salzburgo, 1954, p. 27.

Capítulo 1

1. Cf. Mircea Eliade, *Der Mythos der ewigen Wiederkehr*, Dusseldorf, 1953, pp. 23 ss.
2. B. Spencer e F. J. Gillen, *The Arunta*, Londres, 1926, I, p. 388.
3. Werner Müller, *Weltbild und Kult der Kwakiutl-Indianer*, Wiesbaden, 1955, pp. 17-20.
4. P. Arndt, "Die Megalithenkultur des Nad'a" in *Anthropos*, 27, 1932, pp. 61-62.
5. Ver as referências bibliográficas em *Der Mythos der ewigen Wiederkehr*, pp. 21 ss.
6. A. E. Wensinck e E. Burrows, citados em *Der Mythos der ewigen Wiederkehr*, p. 26.

7. Wensinck, citado em *Der Mythos der ewigen Wiederkehr*, p. 28.

8. M. Granet, em M. Eliade, *Die Religionen und das Heilige*, Salzburgo, 1954, p. 426.

9. L. I. Ringbom, *Graltempel und Paradies*, Estocolmo, 1951, p. 255.

10. *Sad-dar*, 84, 4-5, citado por Ringbom, p. 327.

11. Ver as referências agrupadas e comentadas por Ringbom, pp. 294 ss. *et passim*.

12. Cf. referências em *Der Mythos der ewigen Wiederkehr*, pp. 28 ss., pp. 236 ss.

13. Ver referências em *Der Mythos der ewigen Wiederkehr*, p. 29.

14. Citado por W. W. Roscher, *Neue Omphalosstudien*, in Abh. d. König. Sächs. Gesell. Wiss.-Phil. Klasse, 31, I, 1915, p. 16.

15. Cf. C. T. Bertling, "Vierzahl, Kreuz und Mandala" in *Asien*, Amsterdam, 1954, pp. 8 ss.

16. Ver as referências em Bertling, *op. cit.*, pp. 4-5.

17. Ver os materiais agrupados e interpretados por Werner Müller, Die Blaue Hütte, Wiesbaden, 1954, pp. 60 ss.

18. F. Altheim, in Werner Müller, *Kreis und Kreuz*, Berlim, 1938, pp. 60 ss.

19. W. Müller, *op. cit.*, pp. 65 ss.

20. M. Eliade, *Die Religionen und das Heilige*, p. 420.

21. M. Eliade, *Le Chamanisme et les techiques archaiques de l'extase*, Paris, 1951, pp. 238 ss.

22. Wilhelm Schmidt, "Der heilige Mitterpfahl des Hauses", in *Anthropos*, 35-36, 1940-1941, p. 967.

23. S. Stevenson, *The rites of the Twice-born*, Oxford, 1920, p. 354.

24. Cf. Paul Sartori, "Über das Bauopfer", in *Zeitschrift für Ethnologie*, 30, 1938, pp. 1-54.

25. Cf. M. Eliade, *Der Mythos der ewigen Wiederkehr*, p. 18

26. Hans Sedlmayr, *Die Entstehung der Kathedrale*, Zurique, 1950, p. 119.

Capítulo 2

1. Werner Müller, *Die blaue Hütte*, Wiesbaden, 1954, p. 133.
2. H. Usener, *Götternamen*, 2ª ed., Bonn, 1920, pp. 191 ss.
3. Werner Müller, *Kreis und Kreuz*, Berlim, 1938, p. 39.
4. Sobre os rituais do Ano Novo, cf. Mircea Eliade, *Der Mythos der ewigen Wiederkehr*, pp. 83 ss.
5. Cf. as referências bibliográficas em Eliade, *Mythos der ewigen Wiederkehr*, pp. 117 ss.; *idem, Die Religionen und das Heilige*, pp. 463 ss.
6. J. F. Rock, *The Na-khi Nâga Cult and related Ceremonies*, Roma, 1952, vol. I. pp. 279 ss.
7. Campbell Thompson, *Assyrian Medical Texts*, Londres, 1923, p. 59. Cf. também M. Eliade, *Kosmogonische Mythen und magische Heilungem*, Paideuma, 1956.
8. F. J. Gillen, *The Native Tribes of Central Australia*, 2ª ed., Londres, 1938, pp. 170 ss.
9. Cf. Raymond Firth, *The Work of the Gods in Tikopia*, I, Londres, 1940.
10. F. E. Williams, citado por Lucien Levy-Bruhl, *La Mythologie primitive*, Paris, 1935, pp. 162-164.
11. J. P. Harrington, citado por Lucien Levy-Bruhl, *ibid.*, p. 165.
12. Ad. E. Jensen. *Das religiöse Weltbild einer frühen Kultur*, Stuttgart, 1948. O termo *dema* foi tomado por Jensen aos Marind-anim da Nova Guiné.
13. Volhard, *Kannibalismus*, Stuttgart, 1939. Cf. M. Eliade, "Le mythe du Bon Sauvage ou les prestiges de l'Origine", in *La Nouvelle NRF*, agosto, 1955.
14. M. Eliade, *Der Mythos der ewigen Widerkehr*, pp. 165 ss. Ver também *Images et Symboles*, Paris, 1952, pp. 80 ss.
15. Esta transcendência obtém-se, aliás, aproveitando-se o "momento favorável" (*kshana*), o que supõe uma espécie de Tempo sagrado que permite a "saída do Tempo"; ver *Images et Symboles,* pp. 10 ss.
16. Henri Charles Puech, "La Gnose et le Temps", *Eranos-Jahrbuch*, XX, 1951, pp. 60-61.

17. Cf. *Der Mythos der weigen Widerkher*, pp. 149 ss., sobre a valorização da História pelo judaísmo, sobretudo pelos profetas.

18. Cf. M. Eliade, *Images et Symboles*, pp. 222 ss.

19. Sobre as dificuldades do historicismo, ver *Der Mythos der ewigen Wiederkehr*, pp. 210 ss.

Capítulo 3

1. Ver os exemplos e a bibliografia em M. Eliade, *Die Religionen und das Heilige*, pp. 61-97.

2. Acerca de tudo isto, ver *Die Religionem und das Heilige*, pp. 88 ss., 109 ss. etc.

3. O leitor encontrará os elementos no livro anteriormente citado, pp. 61-146. Ver sobretudo R. Pettazzoni, *Dio*, Roma, 1921; *id.*, *L'Onniscienza di Dio*, Turim, 1955; Wilhelm Schmidt, *Ursprung der Gottesidee*, I-XII, Münster, 1926-1955.

4. Martin Gusinde, "Das höchste Wesen bei den Selk'nam auf Feurland", *Festschrift W. Schmidt*, Viena, 1928, pp. 269-274.

5. Cf. Frazer, *The Worship of Nature*, I, Londres, 1926, pp. 150 ss.

6. *Ibid.*, p. 185.

7. J. Spieth, *Die Religion der Eweer*, Göttingen-Leipzig, 1911, pp. 46 ss.

8. Mgr. Le Roy, *La religion des primitifs*, 7ª ed., Paris, 1925, p. 184.

9. H. Trilles, *Les Pygmées de la fôret équatoriale*, Paris, 1932, p. 74.

10. *Ibid.*, p. 77.

11. Frazer, *op. cit.*, p. 631

12. Para tudo o que segue, ver *Die Religionen und das Heilige*, pp. 217 ss.; *Images et Symboles*, pp. 199 ss.

13. Sobre o simbolismo, cf. *Die Religionen und das Heilige*, pp. 494 ss.; especialmente pp. 508 ss.

14. Ver o comentário deste texto em J. Danielou, *Bible et Liturgie*, Paris, 1951, pp. 58 ss.

15. J. Danielou, *Sacramentum futuri*, Paris, 1950, p. 65.
16. J. Danielou, *Bible et Liturgie*, pp. 61 ss.
17. Ver também outros textos reproduzidos em J. Danielou, *ibid.*, pp. 56 ss.
18. Sobre esses temas mítico-rituais, ver *Die Religionen und das Heilige*, pp. 239 ss., 323 ss.
19. Cf. Beinaert, "La dimension mythique dans le sacramentalisme chrétien", *Eranos-Jahrbuch*, XVII, 1949, p. 275.
20. James Mooney, "The Ghost-Dance Religion and the Sioux Outbreak, of 1890", *Annual report of the Bureau of American Ethnology*, XIV, 2, Washington, 1896, pp. 641-1136, p. 721.
21. Cf. M. Eliade, "La Terre-Mere et les hiérogamies cosmiques", *Eranos-Jahrbuch*, XII, 1954, pp. 57-95.
22. Ver A. Deterich, *Mutter Erde*, 3ª ed., Leipzig-Berlim, 1925; B. Nyberg, *Kind und Erde*, Helsinque, 1931; M. Eliade, *Die Religionen und das Heilige*, pp. 271 ss.
23. Cf. as referências no artigo *La Terre-Mère et les hiérogamies cosmiques,* p. 69, nº 15.
24. Marcel Granet, "Le dépot de l'enfant sur le sol", *Revue Archéologique*, 1922; *Études sociologiques sur la Chine*, Paris, 1953, pp. 159-202.
25. A. Dieterich, *Mutter Erde*, pp. 28 ss.; B. Nyberg, *Kind und Erde*, p. 150.
26. Sobre o matriarcado, cf. J. J. Bachofen, *Das Mutterrecht*, Basel, 1861; 3ª ed., 1948; Wilhel Schmidt, *Das Mutterrecht*, Viena 1955.
27. Cf. *Die Religionen und das Heilige*, pp. 273 ss. É preciso esclarecer, porém, que, embora muito espalhado, o mito da hierogamia cósmica não é universal e não se comprova sua existência nas culturas mais arcaicas (australianos, fueguinos, populações árticas etc.)
28. Cf. *Die Religionen und das Heilige*, pp. 411 ss.
29. Cf. *Die Religionen und das Heilige*, pp. 310 ss.; G. Widengren, *The King and the Tree of Life in Ancient Near Eastern Religion*, Uppsala, 1951.
30. A. G. Handricourt e L. Hédin, *L'Homme et les plantes cultivées*, Paris, 1946. p. 90.

31. Cf. *Die Religionen und das Heilige*, pp. 364 ss.
32. Para tudo o que segue, cf. Rolf Stein, "Jardins en miniature d'Extrême Orient", *Bulletin de l'École Française d'Extrême Orient*, 42, 1943, pp. 26 ss. e *passim*.
33. Sobre a sacralidade das pedras, cf. *Die Religionen und das Heilige*, pp. 247-270.
34. Ver *Die Religionen und das Heilige*, pp. 180-216.
35. Sobre tudo isto, ver *Die Religionem und das Heilige*, pp. 147-179.
36. *Le Mendiant ingrat*, II, p. 196.

Capítulo 4

1. O que resulta, por exemplo, das investigações de Leopold Schmidt, *Gestaltheiligkeit im bäuerlichen Arbeitsmythos*, Viena, 1952.
2. Cf. Ralph Piddington, "Karadjeri imitation", *Oceania*, III, 1932-1933, pp. 46-87.
3. Ver Marcel Griaule, *Dieu d'Eau. Entretiens avec Ogotemmêli*, Paris, 1948.
4. Ver Werner Müller, *Die Blaue Hütte*, Wiesbaden, 1954. pp. 115 ss.
5. Ver M. Eliade, *Le Yoga. Immortalité et liberté*, Paris, 1954, pp. 264, 395.
6. Cf. Ananda K. Coomaraswamy, "Symbolism of the Dome", *Indian Historical Quartely*, XIV, 1938, pp. 1-56.
7. M. Eliade, *Le Yoga*, p. 400; ver também A. K.. Coomaraswamy. "Symbolism of the Done", p. 53, n° 60.
8. Porção do espaço santificado que, em certos tipos de habitação euro-asiática, corresponde ao pilar central e desempenha, por conseqüência, o papel de "Centro do Mundo". Ver G. Rank, *Die Heilige Hinterecke in Hanskult der Wölker Nordosteuropas und Nordasiens*, Helsinque, 1949.
9. Cf. M. Eliade, *Le Vol Mystique*, Numen, III, 1956, pp. 1-13.
10. *Suttavibhanga*, Pârâjika, I, I, 4, comentado por Paul Mus, *La Notion du temps réversible dans la mythologie bouddhique*, Melun, 1939. p. 13

11. C. Hentze, *Bronzegerät, Kultbauten, Religion im ältesten China der Chang-Zeit*, Antuérpia, 1951, pp. 49 ss.; *id.*, in *Sinologica*, III, 1953, pp. 229-239 e figs. 2-3.

12. C. Hentze, *Tod, Auferstehung, Welttordnung. Das mythische Bild im ältesten China*, Zurique, 1955, pp. 47 ss. e figs. 24-25.

13. Cf. M. Eliade, *Le Chamanisme et les techniques archaiques de l'extase*, Paris, 1951, pp. 337 ss.

14. Cf. *Le Chamanisme*, pp. 419 ss.; Maarti Haavio, *Väinämöinen, Eternal Sage*, Helsinque, 1952, pp. 112 ss.

15. Cf. *Die Religionen und das Heilige*, pp 430 ss.

16. Cf. Ananda K. Coomaraswamy, "The Pilgrim's Way", *Journal of the Bihar and Orissa Oriental Research Society*, XXIII, 1937, parte IV, pp. 1-20.

17. Ver Arnold Van Genner, *Les rites de passage*, Paris, 1909.

18. Para tudo o que segue, ver M. Eliade, "Mystere et régéneration sprituelle dans les religions extra-européennes", *Eranos-Jahrbuch*, XXII, 1955, pp. 57-98.

19. R. Thurnwald, "Primitive Initiations – und Wiedergeburtsriten", *Eranos-Jahrbuch*, VII, 1950, pp. 321-398.

20. M. Canney, "The Skin of Rebirth", *Man*, julho de 1939, n° 91, pp. 104-105.

21. Cf. H. Schurtz, *Altersklassen und Männerbünde*, Berlim, 1902; O. Hofler, *Geheimbünde ser Germanen*, I, Frankfurt-am-Main, 1934; R. Wolfram, *Schwerttanz und Männerbünd*, I-III, Kassel, 1936; W. E. Penckert, *Geheimkulte*, Heidelberg, 1951.

22- E. Andersson, *Contribution à L'éthnographie des Kuta*, I, Uppsala, 1953, pp. 264 ss.

23. Cf. R. Wolfram, "Weiberbünde", *Zeitschrift für Wolkskunde*, 42, 1933, pp. 143 ss.

24. Cf. Mircea Eliade, *Le Chamanisme*, pp. 36 ss.

25. Cf. Sylvan Levi, *La doctrine du sacrifice dans les Brâhmanas,* Paris, 1898, pp. 104 ss.; H. Lommel, *Wiedergeburt aus embryonalem Zustand in der Symbolik des altindischen Rituals* (in C. Hentze, *Tod, Auferstehung, Weltordnung*, pp. 107-130).

26. Sobre o simbolismo cosmológico dos punhos fechados, cf. C. Hentze. *Tod, Auferstehung, Weltordnung*, pp. 96 ss. e *passim*.

27. *Majjhima-Nikáya*, II, 17; cf. também M. Eliade. *Le Yoga. Immortalité et liberté*, pp. 172 ss.

BIBLIOGRAFIA

INTRODUÇÃO

Cahantepie de La Saussaye, P.D., *Lehrbuch der Religionsgeschichte* (2ª ed., Friburgo; 4 Ausgade ganz neu bearbeit v. A. Bertholet u. Ed.) Lehmann 2ª ed., Tübingen, 1924-1925.

Caillois, R., *L'Homme et le sacré*, Paris, 1939, 2ª ed., 1953.

Clemen C., *Die Religionen der Erde*, Munique, 1927.

———., *Urgeschichtliche Religion. Die Religionen der Stein – Bronze – und Eisenzeit*, I-II, Bonn, 1932-1933.

Corce, M., R. Mortier, *Histoire générale des religions*, I-V, Paris, 1944-1950.

Durkheim, E., *Les formes élémentaires de la vie religieuse*, Paris, 1912.

Eliade, M., *Die Religionen und das Heilige. Element der Religionsgeschichte*, Salzburgo, 1954.

Firth, R., "The Analysis of Mana: An Empirical Approach", *The Journal of the Polynesian Society*, 49, 1940, pp. 483-510.

Haekel, J., *Zum heutigen Forschungsstand der historischen Ethnologie*, in Wiener Schule der Völkerkunde, Viena, 1955.

Konig, F., *Christus und die Religionen der Erde*, I-III, Friburgo, i. B., 1951.

Koppers, W., *Urmensch und Urreligion*, Olten, 1944; 2ª ed., 1946 (*Primitive Man and his World Picture*, Londres, 1925).

——., "Ethnologie und Geschichte", *Anthropos*, 50, 1955, pp. 943-948.

Leeuw, G. Van Der, *Phanomenologie der Religion*, Tübingen, 1933.

——., *L'homme primitif et la religion*, Paris, 1940.

Levy-Bruhl, L., *Le Surnaturel et la Nature dans la mentalité primitive*, Paris, 1931.

——., *La mythologie primitive*, 1935.

——., *Expérience mystique et les symboles chez les primitifs*, 1938.

Lowie, R. H. *Primitive Religion*, Nova York, 1924.

Martino, E. de, *Naturalismo e storicismo nell'etnologia*, Bari, 1941.

——., *Il Mondo magico*, Torino, 1948.

Mauss, M. e H. Hubert, *Mélanges d'Histoire des Religions*, Paris, 1909.

Mensching, G. *Vergleichende Religionswissenschaft*, Leipzig, 1938; Heidelberg, 1949.

——., *Allgemeine Religionsgeschichte*, Leipzig, 1940.

Mülhmann, W. E., *Geschiche der Anthropologie*, Bonn, 1948. "Ethnologie und Geschichte", *Studium Generale*, 1954, pp. 165-177.

Otto, R., *Das Heilige*, Breslau, 1917.

——., *Aufsätze das Numinose betreffend*, Gotha, 1923.

Pinard de la Boullaye, H., *L'Étude comparée des religions*, 2 vols., Paris, 1922; 3ª ed. revista e ampliada, 1929.

Radcliffe-Brown, A. R., *Tabu*, Cambridge, 1940.

Radin, P., *Gott und Mensch in der primitiven Welt*, Zurique, 1953.

Schmidt, W., *Handbuch der vergleichenden Religionsgeschichte, Ursprung und Wesen der Religion* (Munster, 1930); cf. também F. Bornemann.

——., "Vorarbeiten für eine Neuauflage des Handbuchs der Religiosgeschichte", *Anthropos*, 50, 1955, pp. 937-941.

Tacchi Venturi, *Storia delle Religioni*, 2 volumes, Torino, 1949.

Widengren, G., *Religionens värld*, Estocolmo, 1945; 2ª ed., 1953.
——., "Evolutionism and the Problems of the Origin of Religion", *Ethnos*, Estocolmo, 1945, vol. 10, pp. 57-96.

CAPÍTULO I

Allcroft, A., *The Circle and the Cross*, I-II. Londres, 1927-1930.
Bertling, G. J., *Vierzane, Kreuz and Mandala in Asien*, Amsterdam, 1954.
Bogoras, W., "Ideas of Space and Time in the Conception of Primitive Religion", *American Anthropologist*, N. S., 27, 1917, pp. 205-266.
Ciullandre, J., *La droite et la gauche dans les poèmes homériques*, Paris, 1941.
Coomaraswamy, A. K., "Symbolism of the Dome", *Indian Historical Quarterly*, 14, 1938, pp. 1-56.
——., *Figures of Speech und Figures of Thought*, Londres, 1946.
Corbin, H., "Terre céleste et corps de réssurrection d'aprés quelques traditions iraniennes", *Eranos-Jahrbuch*, XXII, Zurique, 1954, pp. 97-194.
Desffontaines, P., *Géographie et Religions*, Paris, 1948.
Deubner, E., "Mundus", *Hermes*, 58, 1933, pp. 276-287.
Dombart, Th., *Der Sakralturm*, I: Zigurat, Munique, 1920.
Dumèzil, G., *Rituels indo-européennes à Rome*, Paris, 1954, pp. 27-43.
Eliade, M., *Der Mythos der ewigen Wiederkher*, Iena, 1953, caps. I-II.
——., *Die Religionen und das Heilige*, Salzburgo, 1954, pp. 415-437.
——., *Images et Symboles*, Paris, 1952, pp. 33-72.
Gaert, W., "Komische Vorstellungen im Bilde prahistorischer Zeit: Erdbelg, Himmelsberg, Erdnabel und Welstrome", *Anthropos*, 9, 1914, pp. 956-979.
Hentze, C., *Bronzgerat Kultbauten, Religion im ältesten China der Chang Zeit*, Antuérpia, 1951.

Mus, P., *Barabudur, Ésquisse d'une histoire du bouddhisme fondée sur la critique archéologique des textes*, I-II, Hanói, 1935.
Nissen, H., *Orientation. Studien zur Geschichte der Religion*, I-III, Berlim, 1906-1910.
Rank, G., *Die Heilige Hinterecke im Hauskult der Völker Nordosteuropas und Nordasiens*, Helsinque, 1949.
Roscher, W. H., *Neue Omphalosstudien* (Abhandlugen der Köning) Sachs Gessel die wiessenschaften, Phil. hist klasse, 32, i, 1915.
Seldmayr, H., *Architektur als abbildende Kunst* (Osterreichische Akademie der Wissenschaften Phil. – klasse, Sitzungsberichte 225-3, Viena, 1948).
——., *Die Entstehung der Kathedrale*, Zurique, 1950.
Tucci, G., "Mc'od rten e Ts'a-te'a nel Tibet indiano ed Occidentale. Contributo allo studio del'arte religiosa tibetano nel suo significato", *Indo-Tibetica*, I, Roma, 1932.
——., "Il simbolismo archittectonico dei tempi di Tibet Occidentale", *Indo-Tibetica*, III-IV, Roma, 1938.
Weinstock, St., *Templum* (Mitteilungen des Deutschen Archäologischen Institus, Romische Abteilung, 45, 1930, pp. 111-123).
Wensinck, A. J., *The Ideas of the Western Semites concerning the Navel of the Earth*, Amsterdam, 1916.

CAPÍTULO II

Sobre o tempo sagrado
Coomaraswamy, A., *Time and Eternity*, Ascona, 1947.
Corbin, H., "Le Temps cyclique dans le mazdéisme et dans l'ismaélisme", *Eranos-Jahrbuch*, XX, 1952, pp. 149-218.
Cullman, O., *Christus und die Zeit*, Basiléia, 1946.
Dumèzil, G., "Temps et Mythes", *Recherches Philosophiques*, V, 1935-1936, pp. 235-251.
Eliade, M., *Der Mythos der ewigen Wiederkehr*, Iena, 1935, caps. II-III.

——., "De temps et l'éternité dans la pensée indienne", *Eranos-Jahrbuch*, XX, 1951, pp. 219-252; *Images et Symboles*, Paris, 1952, pp. 73-119.

Goodnough, E. R., "The Evaluation of Symbols Recurrent in Time, as Illustrated in Judaism", *Eranos-Jahrbuch*, XX, 1952, pp. 285-320.

Leew, G. Van Der, "Urzeit und Endzeit", *Eranos-Jahrbuch*, XVII, Zurique, 1950, pp. 11-51.

Marquart, J., "The Nawroz: its History and Significance", *Journal of The Cama Oriental Institute*, 31, Bombaim, 1937, pp. 1-51.

Mauss., M. e H. Hubert, "La représentation du temps dans la religion et la magie", *Mélanges d'histoire des religions*, 1909, pp. 190-229.

Mus, P., "La notion de temps réversible dans la mytologie boulddhique", *Annuaire de l'annuaire de l'Ecole Pratique des Hautes Etudes*, Section des Sciences Religieuses, Melun, 1939.

Nilsson, M. P., *Primitive Time Reckoning*, Lund, 1920.

Pallis, S. A., *The babylonian akitu festival*, Copenhague, 1926.

Puech, S. A., "La gnose et le temps". *Eranos-Jahrbuch*, XX, 1952, pp. 57-114.

Quispel, G., "Zeit und Geschichte im antiken Christentum", *Eranos-Jahrbuch*, XX, 1952, pp. 115-140.

Reuter, H., *Die Zeit eine religionswissenschaftliche Untersuchung*, Diss. Bonn, 1941.

Scheftelowitz, J., *Die Zeit als Schicksalsgottheit in der indischen und iranischen Religion*, Stuttgart, 1929.

Wensinck, A. J., "The Semitic New-Year and the Origin of Eschatology", *Acta Orientalia*, I, 1923, pp. 158-199.

Werblowsky, R. J., "Zwi, Hanouca et Noel ou Judaisme et Christianisme", *Revue de l'histoire des religions*, janeiro-março de 1954, pp. 30-68.

Wilhelm, H., "Der Zeibergriff im Buch der Wandlungen", *Eranos-Jahrbuch*, XX, 1952, pp. 321-349.

Zimmer, H., *Zum babylonischen Neujahrsfest*, 1-2, Leipzig, 1906-1918.

Sobre os mitos

Baumann, H., *Schöpfung und Urzeit des Menschen im Mythus der afrikanischen Völker*, Berlim, 1936.
Caillois, R., *Le Mythe et l'homme*, Paris, 1938.
Ehrenreich, P., *Die allgemeine Mythologie und the ethnologischen*, Leipzig, 1910.
Gusdorf, G., *Mythe et Métaphysique*, Paris, 1953.
Hooke, S. H. (org.), *Myth and ritual*, Londres, 1934.
——., *The Labyrinth*, Londres, 1935.
Jensen, Ad. E., *Das religiöse Weltbild einer frühen Kultur*, Stuttgart, 1948.
——., *Mythos and Kult bei Naturvölkern*, Wiesbaden, 1951.
Jung, C. G. e Karl Kereny, *Einführfung in das Wesen der Mythologie*, Amsterdam-Zurique, 1941.
Kluckhohn, C., "Myths and Rituals, a General Theory", *Harvard Theology Review*, 35, 1942, pp. 45-79.
Lévy-Bruhl, L., *La Mythologie primitive. Le monde mysthique des Australiens et des Papous*, Paris, 1936.
Malinowski, Br., *Myth in Primitive Psychology*, Londres, 1926.
Pettazzoni, r., "Die Wahrheit des Mythos", *Paideuma*, IV, 1950. pp. 1-10.
——., "Myths of Beginnings and Creation-Myths", *Essays on the History of Religion*, Leiden, 1954, pp. 24-36.
Preuss, K. Th., *Der religiöse Gestalt der Mythen*, Tübingen, 1933.
Untersteiner, M., *La fisiología del mito*, Milão, 1946.

CAPÍTULO III

Altheim, F., *Terra Mater*, Giessen, 1931.
Bachofen, J. J., *Das Mutterrecht*, Basiléia, 1861; 3ª. ed., 1948.
Beirnaert, L., "La dimension mythique dans le sacramentalisme chétien", *Eranos-Jahrbuch*, XVII, Zurique, 1950, pp. 255-286.
Daniélou, J., *Sacramentum futuri*, Paris, 1950.
——., *Bible et Liturgie*, 1951.
——., *Les Saints paiens de l'Ancien Testament*, 1956.

Diederich, A., *Mutter Erde*, 3ª ed., Leipzig-Berlim, 1925.
Ehrenreich, P., *Die Sonne im Mythos*, Leipzig, 1915.
Eliade, M., *Die Religionen und das Heilige*, Salzburgo, 1954, pp. 61-414.
——., "La Terre-Merè et les hiérogamies cosmiques", *Eranos-Jahrbuch*, XXII, 1954, pp. 57-95.
Frazer, Sir James, *The Golden Bough*, I-XII, 3ª ed., Londres, 1911-1918.
——., *The Worship of Nature*, I, Londres, 1926.
Haekel, J., "Zum Problem des Mutterrechtes", *Paideuma*, V, 1953-1954, pp. 298-322; 481-508.
Hatt, G., "The Corn Mother in America and Indonesia", *Anthropos*, 46, 1951, pp. 853-914.
Hentze, C., *Mythes et symboles lunaires*, Anvers, 1932.
Holmberg, U., "Der Baum der Lebens", *Annales Academiae Scientiarum Fennicae*, série B, vol. XVI, Helsinque, 1922-23.
Kuhn, H., "Das Problem des Urmonotheismus", *Akademie d. Wiss u. d. Litt.* Wiesbaden, 1951, pp. 1639-1672.
Manhardt, W., *Wald und Felkulte*, I-II, 2ª ed., Berlim, 1904-1905.
Meyer, J. J., *Trilogie altindischer Mächte und Feste der Vegetation*, I-III, Zurique-Leipzig, 1937.
Nyberg, B., *Kind und Erde*, Helsinque, 1931.
Pettazzoni, R., *Dio, I: L'Essere celeste nelle credenze dei popoli primitivi*, Roma, 1922.
——., "Allwissendr höchste Wesen bei primitivisten Völkern", *Archiv für Religionswissenschaft*, 29, 1930, pp. 109-129; 209-243.
——., *L'onniscienza di Dio*, Torino, 1955.
Schmidt, W., *Ursprung der Gottesidee*, I-XII, Münster i. West., 1926-1955.
——., *Das Mutterrecht*, Viena, 1933.
Wensinck, A. J., *Tree and Bird as Cosmological Symbols in Western Asia*, Amsterdam, 1921.

CAPÍTULO IV

Coomaraswamy, A. K., "Spiritual Paternity" and the "Puppet-Complex", *Psychiatry*, 8, n° 3, agosto de 1945, pp. 25-35.
Dumèzil, G., *Jupiter, Mars, Quirinus*, Paris, 1941.
———., *Horace et les Curiaces*, 1942.
———., *Servius et la Fortune*, 1943.
———., *Naissance de Rome*, 1944.
———., *Naissance d'Archanges*, 1945.
———., *Tarpeia*, 1947.
———., *Litra-Varuna*, 2ª ed., 1948.
———., *Loki*, 1948.
———., *Les Dieux des Indo-Européens*, 1952.
Eliade, M., "Cosmical homology and yoga" *Journal of the Indian Society of Oriental Art*, 1937, pp. 188-203.
———., "Mystère et régéneration spirituelle dans les religions extra-européennes", *Eranos-Jahrbuch*, XXIII, 1955, pp. 57-98.
Grassi, E., *Reisen ohne anzukommen. Südamerikanische Meditationem*, Hamburgo, 1955.
Hentze, C., *Tod, Auferstehung, Weltornung, Das mysthische Bild im ältesten China*, Zurique, 1955.
Hofler, O., *Geheimbünde der Germanan* I, Frankfurt-am-Main, 1934.
———., *Germanische Sakralkönigtum* I, München-Köln, 1953.
Jesen, Ad. E., *Beschneidung und Reifezeromonien bei Naturvölkern*, Stuttgart, 1932.
Kerény, K., *Prometheus. Das griechische Mythologem von der menschlichen Existenz*, Zurique, 1946.
Loeb, E. M., *Trinal initiation and Secret Society* (Univ. of California Publications in American Archaelogy and Ethnology, 25, 3, pp. 249-288, Berkeley, 1929).
Nyberg, H. S., *Die Religionen des alten Iran*, Leipzig, 1938.
Penckert, W. -E., *Geheimkulte*, Heidelberg, 1951.
Schurtz, H., *Altersklassen und Mannerbünde*, Berlin, 1902.
Slawik, Al., "Kultische Geheimbunde des Japaner und Germanen", *Wiener Beiträge zur Kulturgeschichte und Linguistik*, IV, Viena, 1936, pp. 675-764.

Vries, J. de, *Altgermanischen Religionsgeschichte* I, 2ª ed., Berlim, 1956, II, 1937.
Wach, J., *Sociology of Religion*, Chicago, 1944; em alemão, Tübingen, 1951.
Webster, H., *Primitive Secret Society*, Nova York, 1908.
Weiser, L., *Altergermanische Jünglingsweihen und Männerbünde*, Leipzig, 1927.
Widengren, G., *Hochgottglaube im alten Iran*, Uppsala, 1938.
———., *The King and the Tree of Life in Ancient Near Eastern Religion*, Uppsala, 1951.
———., *Sakrales Königtum im Altem Testament und im Judentum*, Stuttgart, 1955, Wikander, S., Der arische Mannerbund, Lund, 1938.
———., *Bayu*, Uppsala-Leipzig, 1941.
Wolfram, R., *Schwerttanz und Mannerbundr*, I-III, Kassel, 1936 ss.
———., *Weiberbünde* (Zeitschrift für Volkskunde, 42, pp. 143 ss.).